餐饮服务与管理

主 编 张 勤

副主编 田 力 孟祥山

参 编 徐宪湘 周志凌

江苏大学出版社
JIANGSU UNIVERSITY PRESS
镇 江

图书在版编目(CIP)数据

餐饮服务与管理 / 张勤主编. —镇江:江苏大学出版社,2018.10
ISBN 978-7-5684-0976-6

Ⅰ. ①餐… Ⅱ. ①张… Ⅲ. ①饮食业－商业服务 ②饮食业－商业管理 Ⅳ. ①F719.3

中国版本图书馆 CIP 数据核字(2018)第 248627 号

餐饮服务与管理
Canyin Fuwu Yu Guanli

主　　编/张　勤
责任编辑/仲　蕙
出版发行/江苏大学出版社
地　　址/江苏省镇江市梦溪园巷 30 号(邮编:212003)
电　　话/0511-84446464(传真)
网　　址/http://press.ujs.edu.cn
排　　版/镇江文苑制版印刷有限责任公司
印　　刷/虎彩印艺股份有限公司
开　　本/718 mm×1 000 mm　1/16
印　　张/13.25
字　　数/253 千字
版　　次/2018 年 10 月第 1 版　2018 年 10 月第 1 次印刷
书　　号/ISBN 978-7-5684-0976-6
定　　价/40.00 元

如有印装质量问题请与本社营销部联系(电话:0511-84440882)

前　言

随着我国社会经济的快速发展，餐饮行业发生了翻天覆地的变化。消费者在接受服务的过程中逐渐成长、成熟起来，对餐饮服务人员的素养及其服务技能的要求越来越高。如何培养出更多符合行业需求的高技能应用型人才，以及如何提供高质量的餐饮服务成为教育工作者和餐饮从业人员必须面对的问题。

经过各方专家研讨后，《餐饮服务与管理》最终确定以餐饮岗位工作过程为主线整合教学内容，以餐前准备工作、餐中对客服务、餐后结束工作谋篇布局，打破了以往教材以章节划分内容的模式，充分体现学徒制教材以任务引领、工作过程为导向的指导思想，更符合企业工作实际和学生认知规律。另外，该教材还配套了《餐饮服务与管理（实训教材）》，使得教材的实用性更强。具体来说，全书有以下特点：

（1）新颖性

全书采用模块式化的结构编排方式，内容上紧密联系行业工作实际，并将最新的理念和研究成果导入教材之中。

（2）可操性

全书编写充分考虑行业人才培养的技能操作要求，细化技能环节，突出操作模块，使学生在学习过程中更直观、更形象地掌握餐饮服务及管理的相关技能。

（3）实用性

模块内容突出了对学生职业技能和专业素养的培养，同时也注意结合相关职业资格与证书的考核要求，并将相关内容融入教材之中。

（4）可读性

全书共四篇，每篇又分为若干个任务，并辅以“学习目标”“学习重点”“学习难点”“案例导入”“任务布置”“任务实施”“知识拓展”“项目小结”等环节，使学生在课前、课后都能很好地进行自我学习。

本教材由泰州职业技术学院张勤担任主编，负责设计全书的基本框架和模块，并确定基本内容；由田力、孟祥山任副主编，徐宪湘、周志凌参与了本书的编写。在编写本书的过程中，我们参阅了大量的书籍和网络资料，在此对相关作者表示深深的谢意。

由于编者的学识所限，书中疏漏之处在所难免，恳请广大读者批评指正。我们期盼在今后的教学中进一步改进本教材，使之日臻完善。

编　者
2018 年 9 月

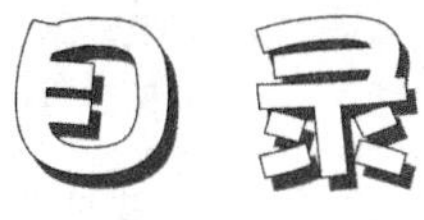

目录

第一篇 走进餐饮部

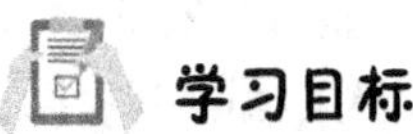

学习目标

通过本篇的学习，了解餐厅的种类及设施，对餐饮部的组织机构和岗位职责有初步认识，掌握优秀餐饮服务员的必备素养，能认识到餐饮服务的意义所在，形成良好的职业意识和岗位意识。

学习重点、难点

重点：① 餐饮部组织机构与岗位职责；
② 优秀餐饮服务人员的职业素养。

难点：优秀餐饮服务人员的职业素养。

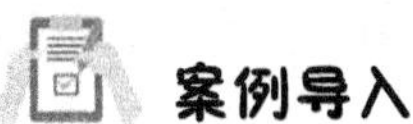

案例导入

该怎么表达？

几位顾客在中餐厅的用餐要愉快地结束了，招呼服务员结账。值台服务员拿着账单迅速地走到餐桌旁，对顾客简单地说："先生，二百五。"顾客听到这句话很不高兴，便委婉地提醒服务员："是不是算错了？"服务员快速核实后，再次向顾客说："没错，是二百五。"顾客非常不满意。

[评析] 在服务过程中，应随时注意使用文明礼貌的服务语言，尤其要注意语言表达时的习惯和禁忌。本案例中，服务员在进行服务时没有充分考虑顾客的感受，从而导致顾客的不满。建议在服务时不要太随意，服务用语不要太简单，服务员可对顾客说："先生您好，这餐共消费了两百五十元。这是账单，请过目！"

任务布置

（1）参观学徒制合作酒店餐饮部，了解酒店餐饮部的组织机构与岗位职责。

（2）了解酒店餐厅的种类与构成，熟悉酒店餐厅服务场所的设计与布局。

相关知识

一、餐厅的种类

（一）中餐厅

中餐厅通常是指以供应中国式饭菜为主的餐厅，是饭店餐饮部门主要的销售服务场所。我国的星级饭店几乎无一例外地设置一个到几个不同风味的中餐厅，主营川、粤、苏、鲁、浙等菜系。中餐厅除了向宾客提供中式菜点外，其环境气氛和服务方式也能体现中华民族的文化和传统特色。

1. 风格与特征

在我国，中餐厅是宾馆饭店和老字号特色饭店的主要餐饮场所，使用频率较高。顾客在中餐厅用餐多是以品尝中国菜肴、领略中华文化和民俗为目的，故在餐厅环境的整体风格上应体现出中华文化的精髓。与此同时，我国幅员辽阔，民族众多，地域和民俗的差异很大，餐厅应充分发挥这些特色，使就餐者在用餐过程中感受中华文化的博大精深，领略各地的民风民俗。中餐厅的风格与特征如图 1-1 所示。

2. 平面布局与空间特色

中餐厅的平面布局可以分为两种类型：以宫廷、皇家建筑空间为代表的对称式布局和以中国江南园林为代表的自由与规格相结合的布局。

（1）宫廷式：这种布局采用严谨的左右对称方式，在轴线的一端常设主宾席和礼仪台。这种布局方式显得隆重热烈，适合于举行各种盛大喜庆宴席。这种布局空间开敞，场面宏大。与这种布局方式相关联的装饰风格与细部常采用或简或繁的宫廷做法。

（2）园林式：这种布局采用园林自由组合的特点，将室内的某一部分结合休息区处理成小桥流水，而其余各部分结合园林的漏窗与隔扇，将靠窗或靠墙的部分进行较为通透的二次分隔，划分出主要就餐区与若干次要就餐区，以保证某些就餐区具有一定的紧密性。为满足部分顾客的需要，这些就餐区还可以通过地面的升起和顶棚的局部降低来划分。这种园林式的布置给人以室内空间室外化的感觉，犹如置身于园林之中，使人心情舒畅，食欲大增。与这类布局方式相关联

的装饰风格与细部常采用园林的视觉元素与做法。

图 1-1　中餐厅的风格与特征

3. 家具的形式与风格

家具的形式与风格在中餐厅的室内设计中占据着重要的地位。中餐厅一般选用中国传统的家具形式，尤以明代家具的形式居多，因为这一时期的家具更加符合现代人体工学的需要。除了直接运用传统家具的形式以外，也可以将传统家具进行简化、提炼，保留其神韵。这种经过简化和改良的现代中式家具，在大空间的中餐厅中得到了广泛应用，而正宗明清式样的家具则更多地应用于小型雅间中。家具在餐饮空间中由于其面广量大，常常成为重要的视觉要素，因此在室内设计的初步阶段就应对家具的造型或设计进行充分的考虑。一般来讲，家具的形式和色彩基本决定了餐厅装修设计的基调。

4. 照明与灯具

中餐厅的照明设计应在保证环境照明的同时，更加强调对不同就餐区域进行局部重点照明。进行重点照明的方法有两种：

一是采用与环境照明相同的灯具（常常为点光源）进行组合，形成局部密集，从而产生重点照明。这种方法常常应用于空间高度偏低及偏现代风格的中餐厅。

二是采用中式宫灯进行重点照明。这种方法常结合顶棚造型，将灯具组合到造型中。这种方法适合于空间高度较高及具有典型中式风格的中餐厅。设计者应根据空间高度来确定选用竖向还是横向的灯具。另外，宫灯在大餐厅中的数量要恰当，不宜过多，否则会造成零乱之感。任何一种灯具的选择都应充分注意到其显色性。灯具的显色性不好，会影响到食物的色彩，造成食物变色，从而影响顾客的食欲。一般来说，白炽灯的显色性比较适用于餐厅，也可以在以白炽灯为主的基础上，在走道等部位运用少量节能灯，与白炽灯相间隔，达到既保证显色性又节约能源的目的。餐厅中切忌用彩色光源。

5. 装饰品与装饰图案

一个完美的中餐厅，只有中式风格的设计与装修是远远不够的，缺少视觉中心的设计是不能给顾客留下深刻印象的。因此，在空间和交通的视觉焦点，以及一些墙面的“留白”部分，常常以一些带有中国特色的艺术品和工艺品来进行点缀，以求丰富空间感受、烘托传统氛围。在中餐厅中，常用到以下装饰品和装饰图案：

（1）传统吉祥图案在中国深受喜爱。它拙中藏巧，朴中显美，以特有的装饰风格和民族语言，寄托着人们对美好生活的向往，给人们带来精神上的愉悦，几千年来在民间装饰美术中流行。吉祥图案包括龙、凤、麒麟、鹤、鱼、鸳鸯等动物图案和松、竹、梅、兰、菊、荷等植物图案，以及它们之间的变形组合图案等。

（2）中国字画具有较高的文化品位，同时又是中餐厅很好的装饰品。中国字画有横幅、条幅和斗方三种长宽比例，在装饰餐厅时到底确定何种比例和尺寸，要视墙面的大小和空间高度而定。

（3）古玩、工艺品也是中餐厅中常见的点缀品。它的种类繁多，尺寸差异很大，大到中式的漆器屏风，小到供掌上把玩的茶壶，除此之外，还有许多玉雕、石雕、木雕等，甚至还有许多中餐馆常见的福、禄、寿等瓷器。对于尺寸较小的古玩和工艺器，常在壁龛中配以顶灯或底灯展示，会达到理想的视觉效果。

（4）生活用品和生产用具也常常用于装饰中餐厅，特别是那些具有浓郁生活气息和散发着泥土芬芳的用品和用具常常可以引起人们的幽思，使人浮想联翩、感慨不已。这种装饰手段在一些旅游饭店的中餐厅中运用颇多，它可以使旅游者强烈地感受到当地的民风民俗。这类装饰品有的悬挂于墙面，甚至顶棚；有的在餐厅的角落或靠墙边一带做成景观，但这种落地的处理一定要注意不要影响交通，也不能占太大的面积，否则会有喧宾夺主之嫌。

（二）西餐厅

西餐厅（图 1-2）大都以经营法、意、德、美、俄式菜系为主，可以说是西方饮食文化的一个缩影，其中又以高档法式餐厅（习惯称作扒房）最为典型。扒房具备了豪华餐厅的基本特征，是饭店为体现餐饮水准、满足高消费需求、增

加经济收入而开设的。扒房以法式大餐为核心。

图 1-2 西餐厅

西餐厅以供应西方某国特色菜肴为主，其装饰风格也与该国民族习俗相一致，充分尊重其饮食习惯和就餐环境需求。与西方近现代的室内设计风格的多样化相呼应，西餐厅室内环境的营造方法也是多样化的，大致有以下几种：

（1）欧洲古典气氛的风格营造：这种手法注重古典氛围的营造，通常运用一些欧洲建筑的典型元素，诸如用拱券、铸铁花、扶壁、罗马柱、夸张的木质线条等来构成室内的欧洲古典风情；同时，还应结合现代的空间构成手段，从灯光、音响等方面来加以补充和润色。

（2）富有乡村气息的风格营造：这是一种田园诗般恬静、温柔、富有乡村气息的装饰风格。这种营造手法较多地保留了原始、自然的元素，使室内空间流淌着一种自然、浪漫的气氛，质朴而富有生气。

（3）前卫的高技派风格营造：如果目标顾客是青年消费群，运用前卫而充满现代气息的设计手法最为适合他们的口味。运用现代简洁的设计语言，轻快而富有时尚气息，偶尔可流露出一种神秘莫测的气质。空间构成一目了然，各个界面平整光洁，巧妙运用各种灯光营造出室内温馨、时尚的氛围。

总的来说，西餐厅的装饰富有异域情调，设计语言上要基于近现代西方的装饰流派而灵活运用。西餐厅的家具多采用两人桌、四人桌或长条形多人桌。

（三）自助餐厅

我国四、五星级饭店一般都设有自助餐厅（图 1-3），一日三餐以经营自助餐为主，零点为辅。这类自助餐厅的餐台通常是固定的，装饰精美，极具艺术渲染力，配以调光射灯，使菜点更具美感和质感，从而增进顾客的食欲。自助餐厅菜点丰富，装盘注重装饰，摆放注重层次。如提供烤肉等大菜，常配有值台厨师，帮助顾客切割、烹制、装盘。自助餐厅也是饭店举办美食节的主要场所。自助餐厅一般有以下特点：

图 1-3　自助餐厅

1. 供应迅速

顾客自由选择菜点及数量；就餐顾客多、销量大；服务员较少，顾客以自助服务为主。

2. 铺台管理的重点是菜点台

菜点台一般设在靠墙或靠边的某一部位，以顾客取用方便为宜。

3. 铺台操作要求

（1）菜点台都用长台，台上摆着各种食品，旁边摆放各种餐具，菜点由顾客自取。一般要求是冷菜靠前或靠边，热菜居中，大菜盘靠后，点食居中或靠边。在菜点台上还要摆上花坛，要有层次和艺术感。

（2）菜点台上铺的台布要整齐，四周有台裙，美观大方，装饰效果好。

（3）在开餐前 20 min 上冷菜、点心或面包，10 min 前上热菜、包子或饺子，均按设计要求在菜点台上摆好。

（4）摆好餐桌，铺上桌布，摆上花坛、五味架、牙签筒、口布等。菜点台和桌面只提供简单服务。

（5）自助餐厅门口设迎宾领位岗，负责迎宾领位工作。

（四）大宴会厅

大宴会厅（图 1-4）是宴会部经营活动的重要场所。这一类宴会厅是多功能的，活动舞台、视听同步翻译设备、会议设备、灯光音响设备等应有尽有，为宴会部举办各种大型餐饮活动、会议、展览、文娱演出等提供了良好条件。

图 1-4 大宴会厅

（五）特色餐厅

特色餐厅（图 1-5）是餐饮文化发展、传播到一定阶段的产物，具有鲜明的地域、宗教、历史、文化等人文特征，代表了餐饮企业目前菜肴制作水平的较高水准，也体现了管理者的经营思想和对市场的敏感程度。特色餐厅有主推菜肴特色的，也有主打民族特色的。

图 1-5 特色餐厅

（六）酒吧

酒吧（图 1-6），英文为 bar，原意为栅栏或障碍物。19 世纪中叶，随着旅游业的发展和饭店业的兴起，酒吧作为一种特殊的服务业进入了饭店的经营中，随着其风格多元化、功能多样化的不断发展，在饭店服务中显示出越来越重要的作用。现如今的酒吧已成为出售酒品、公众聚会的场所。酒吧的设立必须具备三个条件：一是配备种类齐全和数量充足的酒水并按照储存要求陈列摆放；二是要有用途各异的载体；三是配备供应酒品必需的设备和调酒工具。

图 1-6　酒吧

二、餐厅服务项目

1. 普通服务项目

（1）中式早餐、正餐服务（零点、套餐）。

（2）中式宴会服务。

（3）西式早餐、正餐服务（零点、套餐）。

（4）西式宴会、冷餐会、鸡尾酒会服务。

（5）自助餐、自助正餐服务。

（6）会议服务。

（7）酒吧服务。

2. 特殊（特色）服务项目

（1）客房就餐（room service）：此项服务可以增加饭店的经济收入，减轻餐厅的压力，而且体现饭店的档次。客房送餐部通常是饭店餐饮部下属的一个独立部门，一般提供不少于 18 h 的服务。服务的主要项目有早餐、全天候送餐、下午餐点、各种酒水饮料、房间酒会及 VIP 客人赠品等。

（2）外卖服务。

（3）主题庆祝活动。

三、餐饮部的组织机构

餐饮部的组织机构是对餐饮部的工作进行分工、分组和协调合作形成的一个结构框架，通过组织机构图可以了解到餐饮部的各个部门、各个岗位及上下级之间的关系。大、中、小型饭店餐饮部的组织机构如图 1-7 ～ 图 1-9 所示。

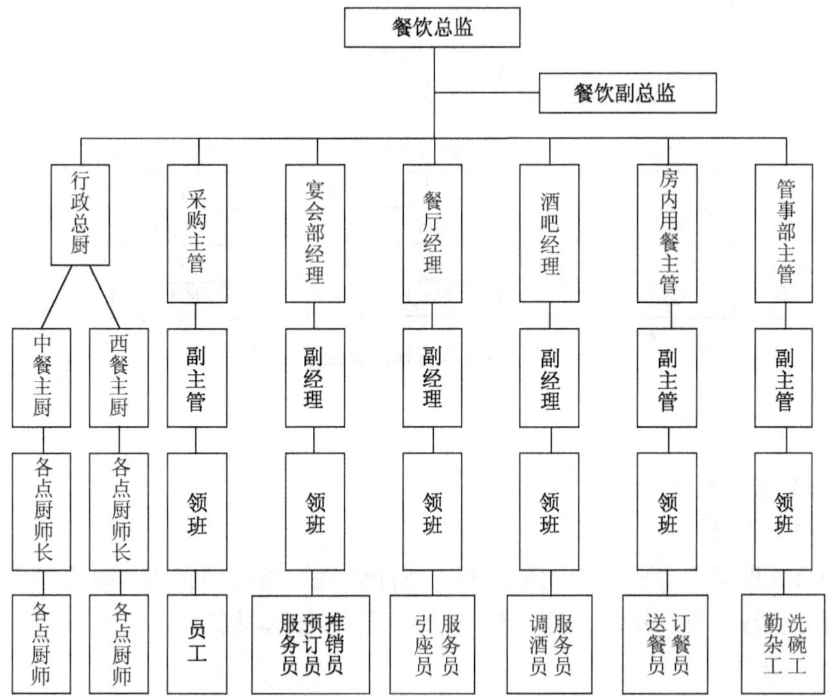

图 1-7 大型饭店餐饮部组织机构图

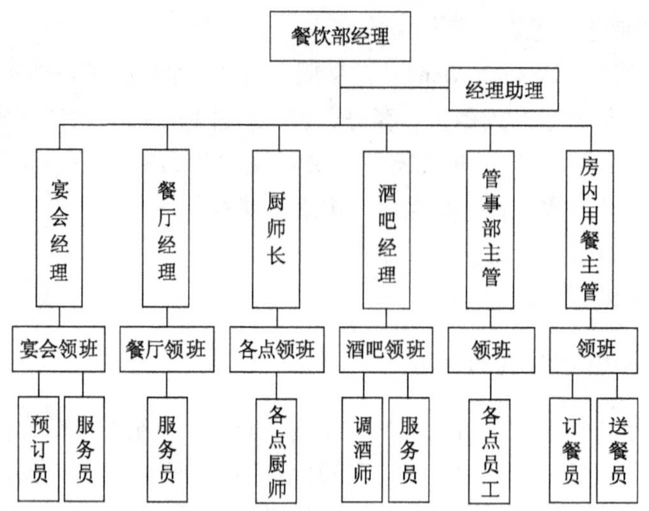

图 1-8　中型饭店餐饮部组织机构

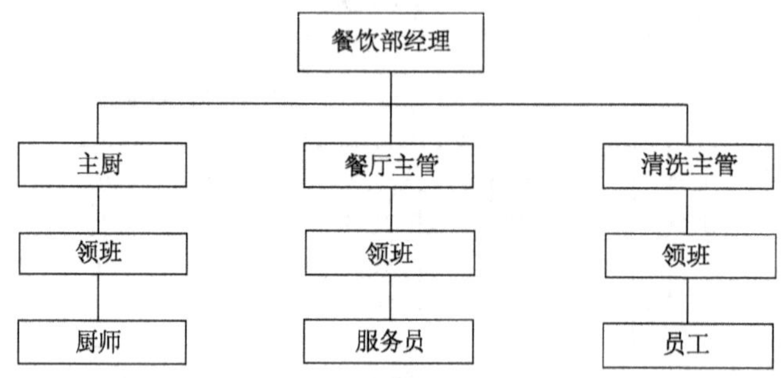

图 1-9　小型饭店餐饮部组织机构

四、餐饮部岗位分类

（一）前台岗位

1. 管理岗位

前台管理岗位主要有餐饮部经理、餐厅经理、宴会部经理、宴会销售部经理、餐厅主管、餐厅领班、餐厅传菜领班、餐厅送餐领班等。

2. 服务岗位

前台服务岗位主要有预订员、迎宾员、餐厅服务员（值台员）、收银员、酒吧服务员、传菜员、送餐服务员等。

（二）后台岗位

1. 管理岗位

后台管理岗位主要有管事部经理、管事部主管、清洁部领班、行政总厨师

长、采购部领班、各点厨师长等。

2. 服务岗位

后台服务岗位主要有清洁员、洗碗工、宴会厅仓库保管员、食品验收保管员、各点厨师等。

五、餐饮部各岗位的职责

（一）管理岗位

1. 餐厅经理

协助餐厅总经理处理一切事务，负责完善和提高餐厅服务水平。

（1）负责处理前台的一切日常事务，直接对总经理负责。

（2）负责制订前台长期、短期计划，以及年度、月度计划，组织、督促完成各项任务和经营指标，对月度、年度经营情况做分析并汇报给总经理。

（3）了解市场动向和掌握原材料行情，有效控制经营成本，降低营业费用，从而确保营业指标和利润指标的完成。

（4）制定服务标准程序和操作规程。检查下属各岗位人员的服务态度、服务规程，保证食品的质量，促使本部门做好卫生清洁工作。开展经常性的防火、安全教育。

（5）实施餐饮部的各项规章制度，解决人事问题，评估下属员工，提高服务质量。

（6）亲自组织、安排大型团体就餐和重要宴会，负责 VIP 的迎送，处理顾客重要投诉。

（7）主持日常和定期（如每周一次）的工作例会。

（8）协调本部门和其他部门的关系，做好总经理交办的其他工作。

2. 餐厅主管

在经理领导下，协助管理前台的各项工作，确保为顾客提供优质服务。

（1）主持班前会，协助经理布置任务，完成上传下达工作。

（2）根据实际的工作情况，安排领班和服务员班次。

（3）检查员工的仪表仪容、服务程序、操作规范、劳动纪律，并根据情况做出纠正和处理。

（4）对重点宴会给予特殊关注，对 VIP 客人亲自参与服务，以确保服务的高水准。

（5）加强与顾客的沟通，妥善处理顾客投诉，并及时向经理汇报。

（6）定期检查设施和清点餐具，制定使用保管制度。

（7）负责组织领班、服务员参加各种培训、竞赛活动，不断提高自身和下属的服务水平。

（8）积极完成经理指派的其他工作。

3. 餐厅领班

负责前台与传菜部的联络工作，督促服务员优质、高效、正确地完成任务。

（1）参加班前会前，检查下属员工的仪容仪表。

（2）开餐前确定当餐的特殊服务任务及重点订餐的服务注意事项，了解当日推出的菜品、海鲜、酒水等的价格。

（3）明确主管分配的任务，按照工作标准程序，督导员工做好开餐前的卫生准备工作，着重检查用品是否齐全。

（4）开餐后注意顾客的用餐情况，随时满足顾客的各种用餐需求，有 VIP 客人时要亲自参与服务。

（5）督导服务员向顾客推荐特别菜品、饮料，主动介绍菜单。

（6）负责餐具的盘点工作。

（7）做好消防安全工作。

（8）完成上级指派的其他工作。

4. 餐厅传菜部领班

负责餐厅与厨房的联络工作，督导传菜员迅速、准确地完成传菜工作。

（1）参加班前会，检查下属员工的仪容仪表。

（2）开餐前确定当餐的特殊传菜任务及重点宴会的传菜注意事项，了解当日推出的菜品、海鲜、酒水等的价格。

（3）检查托盘、汤勺、味碟、米饭、泡菜、洗手盅、备用餐具是否齐备。

（4）按照工作标准程序，督导本组员工做好开餐前的准备工作。

（5）传菜过程中控制好传菜的速度、程序，并把好质量关。

（6）做好厨房与前台相关班组的沟通工作。

（7）做好消防安全工作。

（8）完成上级临时指派的其他工作。

5. 餐厅送餐部领班

负责餐厅的送餐工作，督导送餐员按时、准确地完成送餐工作。

（1）编制排班表，监督员工考勤。

（2）班前检查服务员的仪表仪容，指导和监督送餐部服务员和预订员的工作。

（3）安排服务员给顾客送餐、送赠品（如果篮、花篮、巧克力等）。

（4）安排服务员收回房间通道及其他区域用过的餐车及餐具，并送往洗碗间。

（5）送餐前，检查送餐车及所送物品的质量，确保一切准备就绪。

（6）控制营业所需的餐具，定期参加盘点。

（7）完成上级临时指派的其他工作。

（二）服务岗位

1. 迎宾员

负责迎候顾客的到位和离去，并与其他服务人员密切配合，做好对顾客的服务工作。

（1）按要求整理仪容仪表。

（2）负责迎宾台区域的卫生，保证门厅、门牌的干净，并按时放在指定的位置上。

（3）负责接听电话，接受预订。

（4）开餐前在大厅门口迎候顾客，做好席位安排及欢送顾客的工作。

（5）要有强烈的销售意识，多与宾客打交道，热情招呼。

（6）与服务员密切配合。

（7）负责业务情况的书面记录，核对业务情况。

（8）完成上级交派的其他工作。

2. 收银员

负责为顾客提供快速、准确的结账服务。

（1）提前到岗，做好开餐前收款的一切准备工作。

（2）遵守财务制度，按时上缴收款，按规定时间做好上报报表。

（3）熟悉收款业务，掌握结账的方法和程序（如菜点、酒水、饮料等价格和现金、支票、信用卡等支付方法）。

（4）保存所有的账单，并交规定的检查人员以备检查。

（5）做好规定地段的卫生。

（6）完成上级交派的其他工作。

3. 预订员

负责为顾客提供细致、周到、标准、迅捷的订餐服务。

（1）按照工作程序与标准接受顾客的电话订餐，有大型团体、宴会订餐时主动约顾客面谈。

（2）了解餐厅创新菜肴及每日特荐食品并积极推销。

（3）按照标准准确记录所有信息，积极与顾客及有关部门沟通。

(4）及时反馈顾客的意见和建议，主动走访重要客户。

(5）当班结束前与下一班做好交接工作，确保所有信息无误。

(6）完成上级交派的其他工作。

4. 值台服务员

负责为顾客提供优质、高效率的服务。

(1）遵守各项规章制度和服务规范要求。

(2）服从领班安排，按照工作程序与标准做好开餐前的各项准备工作。

(3）开餐时，按照服务程序和标准为顾客提供优质服务。

(4）熟悉所售的各种菜肴、酒水，并做好推销工作。

(5）尽量帮助顾客解决就餐过程中的各类问题。

(6）当班结束后做好下一班的交接工作，做好收尾工作。

(7）积极参加培训和训练，不断提高服务技能和服务质量。

(8）完成上级交派的其他工作。

5. 传菜员

负责准确完成传菜服务。

(1）服从领班安排，了解重要顾客和订餐传菜注意事项。

(2）负责在开餐前做好各项传菜准备工作，并协助值台服务员布置餐厅和餐桌、摆台及补充各种物品。

(3）负责将厨房烹制好的菜品及时传送给餐厅服务员，并撤回用后的餐具。

(4）把好饭菜质量关，不合格的菜品坚决不送上桌。

(5）负责餐厅营业结束的收尾工作。

(6）严格执行传送菜点服务规范，确保准确迅速。

(7）与值台服务员和厨房保持良好联系，搞好前台和后厨的关系。

(8）积极参加各种业务培训，提高服务水平，完成上级交派的其他任务。

6. 酒水员

负责为顾客提供优质的酒水、果拼服务。

(1）服从领班安排，了解当日顾客预订情况，完成开餐前的各种酒水及用具的准备工作。

(2）熟悉各种酒水的性质、产地、度数、口味特点及价格。

(3）负责当日各类酒水、水果的供应工作。

(4）负责每日酒水销售报表的填报及例行盘点工作。

(5）负责吧台区域的卫生清洁工作。

(6）掌握冰柜温度，及时进行调节。

(7) 协助楼面做好餐后清理工作。

(8) 完成上级交派的其他工作。

7. 清洁员

按照卫生标准，负责指定区域的清洁卫生。

(1) 开餐前做好一切清洁准备工作。

(2) 负责所属区域的环境卫生，保证区域内各地段的环境符合卫生标准。

(3) 定时清除各处垃圾筐（筒）内的垃圾。

(4) 科学使用清洁剂。

(5) 遵守餐厅安全制度，做好本岗位所有物品的保养、维修、保管工作。

(6) 完成上级交派的其他工作。

8. 送餐员

负责按照工作程序与标准做好送餐工作。

(1) 服从领班安排，完成送餐前的准备工作。

(2) 将订餐单分别送往酒吧和厨房，并及时取回食品和酒水。

(3) 熟悉每天的特式菜和餐厅的各种活动。

(4) 按餐厅制定的送餐服务程序，为顾客提供优质服务。

(5) 收回送餐用具和餐具，及时将用过的餐具送洗碗间清洗、保养，并清洁送餐用具。

(6) 完成上级交派的其他工作。

知识拓展

餐饮从业人员的素质要求

一、思想政治要求

(一) 政治上坚定

餐饮从业人员应确立正确的政治立场，即坚持党的基本路线，认真学习马列主义、毛泽东思想和邓小平理论；在服务工作中，严格遵守外事纪律，讲原则、讲团结、识大体、顾大局，不做有损国格、人格的事。

(二) 思想上敬业

餐饮从业人员必须树立牢固的专业思想，充分认识到餐饮服务对提高服务质量的重要作用，热爱本职工作，在工作中不断努力学习、奋发向上、开拓创新；自觉遵守文明礼貌、助人为乐、爱护公物、保护环境的社会公德，遵纪守法；倡导爱岗敬业、诚实守信、办事公道、服务群众、奉献社会的职业道德，并养成良好的行为习惯，培养自己的优良品德。

二、服务知识要求

（一）基础知识

基础知识主要有员工守则、服务意识、礼貌礼节、职业道德、外事纪律、饭店安全与卫生、服务心理学、外语知识等。

（二）专业知识

专业知识主要有岗位职责、工作程序、运转表单、管理制度、设施设备的使用与保养、饭店的服务项目及营业时间、沟通技巧等。

（三）相关知识

服务相关知识主要有宗教、哲学、美学、文学、艺术、法律知识，各国的历史地理、习俗和礼仪、民俗与宗教知识，本地及周边地区的旅游景点及交通等。

三、能力要求

（一）语言能力

语言是人与人沟通、交流的工具。餐厅的优质服务需要运用语言来表达。因此，餐饮从业人员应具有较好的语言能力，主要包括：① 用语礼貌；② 语言委婉；③ 应答及时；④ 语音、语速适中。

（二）应变能力

由于餐厅服务工作大都由员工通过手工劳动完成，而且宾客的需求多变，所以，在服务过程中难免会出现一些突发事件，如宾客投诉、员工操作不当、宾客醉酒闹事、停电等。这就要求餐饮从业人员必须具有灵活的应变能力，遇事冷静，及时应变，妥善处理，充分体现餐厅“宾客至上”的服务宗旨，尽量满足宾客的需求。

四、身体素质要求

（一）身体健康

餐饮从业人员必须身体健康，定期体检，取得卫生防疫部门核发的健康证，如患有不适宜从事餐厅服务工作的疾病，应调离岗位。

（二）体格健壮

由于餐饮服务工作的劳动强度较大，餐饮从业人员的站立、行走及餐厅服务等必须具有一定的腿力、臂力和腰力等，因此，餐饮从业人员必须要有健壮的体格才能胜任工作。

五、礼仪要求

（一）良好的仪表仪容

1. 仪表仪容的概念

仪表主要是指一个人的精神面貌的外观体现，主要包括人的容貌、服饰、个人卫生等，着重在精神面貌和着装方面。

仪容主要是指人的容貌，着重在修饰方面。

2. 对餐饮从业人员仪表的基本要求

（1）餐饮从业人员的精神面貌。餐饮从业人员应表情自然、面带微笑、亲切和蔼、端庄稳重、落落大方、不卑不亢，给人以亲切且可信赖的印象。

（2）服饰。餐饮从业人员在岗位上要着工作制服。工作制服是岗位和职责的标志，不得互相借换穿用，要保持整齐清洁，熨烫笔挺；衬衣必须扎在裤内、裙内；领带、领结要按规定系好，而且随时检查，有污渍和破损时要及时清洗和更换。

（3）佩戴。一是指工号牌，二是指首饰。工号牌要求统一印制，并佩戴在规定的部位上（一般戴在左胸）；首饰一般不用，用则求简。不戴项链、手镯、戒指等装饰物品。

（4）鞋袜。鞋一般穿黑色的皮鞋或布鞋。皮鞋要经常擦拭光亮，布鞋要无破损；袜子具有衔接裤子和鞋的作用，其颜色一般与裤子、鞋颜色相同或者相近。注意袜口不要露在裤子或者裙子之外。袜子要每天换洗，穿着时无破损。

3. 对餐饮从业人员仪容的基本要求

（1）头发。一般留短发，要求整洁干净，发型大方得体。女服务员如留长头发，上班时间应将长发束起。男服务员发不过耳，长不过领。

（2）面部。要求面颜容光焕发，充满活力。女服务员应化淡妆；男服务员要常修面，不留胡须和大鬓角。

（3）手。保持清洁，不留长指甲，不涂指甲油。

（4）香水。切忌使用香味浓郁刺鼻的香水。

（5）个人卫生。注意保持头发、皮肤、牙齿、手指的清洁，口腔的清新；要勤理发、洗头、修面；勤洗澡、更衣；勤剪指甲、勤洗手。上班前应认真地对从头到脚的各部位的外表进行检查，绝不能疏忽任何一个方面，但切记不可在餐厅有客人的地方化妆和梳头，整理仪容应到指定化妆间或更衣室。

（二）规范的服务仪态

1. 仪态的概念

仪态是指人在行为中的姿态和风度，着重在举止方面。人在行为中的姿势通常是指身体在站立、就座、行走的样子，以及各种手势、面部表情等。

2. 对餐饮从业人员仪态的基本要求

（1）站姿。站立是餐饮从业人员的基本功。站姿的基本要求为头正、肩平、颈直，两眼平视前方，口微闭，面带微笑；两肩自然下垂或在腹前交叉，或双手背后交叉，右手放在左手上，以保持随时可以提供服务的姿态。

① 站立时两腿平直，女服务员两脚呈“V”形，膝和脚后跟要靠紧，不能双腿叉开；男服务员两脚平行于两肩而略窄于两肩。

② 站立时间较长感觉疲劳时，可视情况自我调节站姿，将身体重心移到任意一脚，另一脚可略微放松弯曲，但上半身仍应该保持正直。

③ 站立时不要倚靠他物，不要环抱胸前，不要叉腰或是插入衣袋，更不要随背景音乐哼唱。

（2）走姿。一个人的风姿和健康而优美的身材，也只能在雅致的走姿中才能尽显其美，正确的走姿要以端正的站姿为基础。

① 行走时，上体要正直，身体重心可稍向前。头正、肩平、颈直，双目平视，面带微笑，收腹，挺胸，两臂自然前后摆动。

② 行走时，脚步既轻且稳，有鲜明的节奏感，切忌晃肩摇头及上体因懒于立腰而在行进时扭来摇去。

③ 两脚行走线路应是正对前方成直线。遇有急事可加快步伐，但不可奔跑。

④ 行走步距不可过大，步速不要过快。

⑤ 两人并肩行走时，不要用手搭肩；多人一起行走时，不要横成一排，也不要有意无意地排成队形。

⑥ 服务人员在餐厅内行走，一般靠右侧。与顾客同走时，要让顾客走前面（迎宾员除外）；遇通道比较狭窄有顾客从对面走来时，服务人员应主动停下来靠在边上，让顾客通过，但切记不可背对着顾客。

⑦ 遇有急事或手提重物须超越行走在前面的顾客时，应彬彬有礼地征得顾客同意，并表示歉意。

（3）坐姿。坐姿是静态的，但也有美与不美、优雅与粗俗之分。端正优美的坐姿会给人以文雅、稳重、自然大方的美感。

① 入座时，要轻要稳，不要赶步，以免给人以“抢座”之感。走到座位前，左脚向后退半步，轻稳坐下。

② 女子入座时，若是裙装，应先用手将裙稍稍向前拢一下，不要落座后再起来整理。

③ 坐下后，头正、肩平，面带微笑，口微闭。两臂自然弯曲，双手放在膝上，掌心朝下。女子也可一手略握另一手腕，置于身前。两腿自然弯曲，双膝并拢，两腿正放或（男士坐时双腿可略张开）双腿平落于地，可并拢也可交叠。

④ 坐在椅子或沙发上时，不要前俯后仰或抖动腿脚，更不要将脚放在椅子或沙发扶手和茶几上，不要跷二郎腿。

（4）表情。表情是一种无声的语言。服务员适度的表情，可向顾客传递对他们的热忱、敬重、宽容和理解，给顾客亲切和温暖之感。对餐厅服务人员表情的基本要求是温文尔雅，彬彬有礼；稳重端庄，不卑不亢；笑颜常开，和蔼可亲，毫无做作。

微笑的培养方法如下：

① 保持乐观。

② 微笑服务是服务人员自身良好情绪的表现，是热爱本职工作的表现。

③ 让微笑从内心发生，不要做作，做作的微笑反而会把顾客吓跑。

④ 微笑时，眼睛也应含有笑意，试想光露牙齿或抿嘴微笑而目光不配合会是多难看。

⑤ 将“前”或“V”读50遍，这样将有助于保持自然的微笑。

⑥ 微笑与天性有关，但后天的培养也很重要。每天对镜练习微笑，直到满意并习惯为止。

（5）手势。手势是最有表现力的“体态语言”。手势是餐饮从业人员向顾客做介绍、交谈、指示方向时常用的一种体态语言。

（6）其他动作。餐饮从业人员在工作场所经常处于动态之中，注意养成得体大方的动作习惯，也为工作所必需。

① 上下楼梯时，腰要挺、背要直、头要正、胸要微挺、臀部要微收，不要手扶楼梯栏杆。

② 取低处物品时候，不要低头、弯腰、翘臀，而是借助蹲和屈膝的动作，以一膝微屈作为支撑点，将身体重心下移，另一腿呈半跪式蹲下拿取物品。

③ 顾客从对面走来时，员工要向顾客行礼，应注意放慢脚步，离顾客1～2 m处，目视顾客，面带微笑，轻轻点头致意，并以礼貌用语问候顾客。如行鞠躬

礼时，应停步，躬身 15°～30°，眼随着向下，并致问候。切忌边看边鞠躬，这是十分不雅的。员工在工作中，可以边工作边敬礼，如果能暂停手中的工作行礼，更会让顾客感到满意。

（三）礼貌的服务用语

基本礼貌用语：

（1）称呼语：小姐、夫人、太太、先生、同志、首长、那位先生、那位女士、那位首长、大姐、阿姨、您好。

（2）欢迎语：欢迎您来我们酒店、欢迎您入住本楼、欢迎光临。

（3）问候语：您好、早安、午安、早、早上好、下午好、晚上好、路上辛苦了。

（4）祝贺语：恭喜、祝您节日愉快、祝您圣诞快乐、祝您新年快乐、祝您生日快乐、祝您新婚快乐、祝您新春快乐、恭喜发财。

（5）告别语：再见、晚安、明天见、祝您旅途愉快、祝您一路平安、欢迎您下次再来。

（6）道歉语：对不起、请原谅、打扰您了、失礼了。

（7）道谢语：谢谢、非常感谢。

（8）应答语：是的、好的、我明白了、谢谢您的好意、不要客气、没关系、这是我应该做的。

（9）征询语：请问您有什么事？（我能为您做什么吗？）需要我帮您做什么吗？您还有别的事吗？你喜欢（需要、能够）……？请您……好吗？

基本礼貌用语 10 字：您好、请、谢谢、对不起、再见。

常用礼貌用语词 11 个：请、您、谢谢、对不起、请原谅、没关系、不要紧、别客气、您早、您好、再见。

对顾客服务用语要求：

（1）遇到宾客要面带微笑，站立服务（坐着时应起立，不可坐着与顾客谈话）。服务员应先开口，主动问好打招呼，称呼要得当，以尊称开口表示尊重，以简单、亲切的问候及关照的短语表示热情。对于熟客要注意称呼顾客姓氏。招呼顾客时可以谈一些适宜得体的话，但不可问顾客一些不喜欢回答的问题。

（2）与顾客对话时宜保持 1 m 左右的距离，要注意使用礼貌用语，注意“请”字当头，“谢”字不离口，表现出对顾客的尊重。

（3）顾客说话时要全神贯注地用心倾听，眼睛要望着顾客面部（但不要

一直盯着顾客)，要等顾客把话说完，不要打断顾客的谈话。顾客与你交谈时，不要有任何不耐烦的表现，要停下手中的工作，眼望对方，面带笑容，要有反应。不要心不在焉，左顾右盼，漫不经心，不理不睬，对没听清楚的地方要礼貌地请顾客重复一遍。

(4) 对顾客的问询应圆满答复，若遇“不知道”“不清楚”的事应查找有关资料或请示领导尽量答复顾客，绝对不能以“不知道”“不清楚”作答。回答问题要负责任，不能不懂装懂、模棱两可、胡乱作答。

(5) 说话时，特别是顾客要求服务时，要从言语中体现出乐意为顾客服务，不要表现出厌烦、冷漠、无关痛痒的神态，应说：“好的，我马上就来(办)!”，千万不能说：“你怎么这么啰唆，你没看见我忙着吗?”

(6) 在与顾客对话时，如遇另一顾客有事，应点头示意打招呼，或请顾客稍等，不能视而不见、无所表示、冷落顾客，同时尽快结束谈话，招呼顾客。如时间较长，应说“对不起，让您久等了”，不能一声不响就开始工作。

(7) 与顾客对话，态度要和蔼，语言要亲切，声调要自然、清晰、柔和、亲切，音量要适中，不要过高，也不要过低，以对方能听清楚为宜，答话要迅速、明确。

(8) 当顾客提出的某项服务要求一时满足不了时，应主动向顾客讲清原因，并向顾客表示歉意，同时要给顾客一个解决问题的建议或主动协助联系解决。要让顾客感到，虽然问题一时没解决，但却受到了重视，并得到了应有的帮助。

(9) 在原则性和较敏感的问题上，态度要明确，但说话方式要婉转、灵活，既不违反酒店规定，也要维护顾客的自尊心，切忌使用质问式、怀疑式、命令式、“顶牛”式的说话方式，杜绝使用蔑视语、嘲笑语、否定语、斗气语；要使用询问式、请求式、商量式、解释式的说话方式。

① 询问式：如“请问……”

② 请求式：如“请您协助我们……”(讲明情况后请顾客协助)

③ 商量式：如“……您看这样好不好?”

④ 解释式：如“这种情况，酒店的规定是这样的……”

(10) 打扰顾客时（或请求顾客协助时)，首先要表示歉意，说：“对不起，打扰您了。”对顾客的帮助或协助（如交钱后、登记后、配合了自己的工作后）要表示感谢。接过顾客的任何东西都要表示感谢。顾客表示感谢时，一定要回答“请别客气”。

国内外餐饮业的发展概况

一、中国餐饮业的发展历程

（1）距今50万年的北京人已开始用火烧熟食物，烹饪由此发端。六七千年前，河姆渡人已经大面积种植水稻并饲养牲畜，食物的生产改善了人们的物质生活，并为餐饮业的形成奠定了物质基础。

（2）商周时期，金属工具、原始瓷器、酿酒作坊和食盐的出现为餐饮业的形成创造了条件。当时的人们已经开始掌握刀工与火候技术，烹饪方法有烧、烤、煎等多种。由于当时尚未有餐桌椅，人们都是席地而坐，用芦苇或其他植物编成筵铺在地上，用较细的料编成席铺在筵上供人坐，酒食菜肴置于筵席之前。筵、席两字虽是坐具的称谓，但含有进行隆重、正规宴饮的意思，所以将设宴待客或聚会称为“筵席”，这一阶段也被称为“筵席阶段”。筵席阶段的宴会活动的方式多样，主要为奴隶主、贵族所享用。

（3）秦汉时期的农业、手工业、商业有了很大发展，对外交往日益频繁，“丝绸之路”引进了国外的食品、饮品及文化。中国餐饮业博采众长，取得了长足的发展。

（4）唐宋时期餐馆业的发展表现在以下三个方面：一是食源继续扩大，瓷餐具风行，工艺菜新兴，风味流派显现，烹饪技法也有长进，热菜制作进入成熟期。二是餐饮形式发生了变化，如唐朝以后的餐饮宴席已从席地而坐发展到坐椅而餐，并且形成主次分明的宴会气氛，“宴会”一词在这一时期被正式使用。南宋时期，在西湖上还出现了提供餐食的游船，其中最大的游船可同时举办百十人的宴会，这种把宴会与旅游结合在一起的做法一直保留到今天。三是宴席规模的变化，北宋时的宴席已经可以承办三五百人的酒席。

（5）明清时期，我国餐饮业继续发展，技术更加精湛，菜点更为丰富。以豪华宫廷大宴为标志的中国烹饪达到封建时期的最高水平。以乾隆时的“千叟宴”和满汉燕翅烧烤全席最为典型。

（6）晚清时期，西餐在广州、福州、厦门、宁波、上海等沿海城市及北京、天津等地纷纷出现。鸦片战争以后，进入我国的西方人越来越多，他们带来了各自的家乡美食，而西方的烹饪技术也在此时逐渐传入我国。到光绪年间，广州、上海等地已经出现以赢利为目的的西餐厅（当时称为“番菜馆”），附之还有咖啡厅和面包房等。

（7）当代，中国餐饮业经过20世纪最后20年的改革与调整，已经展现出

新的格局和面貌，不仅是餐饮企业、餐饮从业人员的数量有了大幅增加，而且营业额也保持了快速增长的势头，餐饮业已经成为国民经济各行业中增长速度最快的行业。尤其是在企业经营和发展战略上，餐饮业正在向着科学、系统、理性、强大的方向稳步前进。

中国餐饮业的发展深受儒家思想的影响。中餐在礼仪上讲究席位排坐、尊卑有别、长幼有序、男女分席，餐饮过程严格有序；菜点的设计十分注重造型，并且取名也有讲究。这些均蕴含了儒家的思想观念。

二、西方餐饮业的发展历程

（1）14 世纪：以土耳其为中心的餐饮及烹饪。

（2）16 世纪中叶：以意大利为中心，追求豪华、注重排场、典雅华丽的风格。

（3）18 世纪前后：以法国为中心，“自由烹饪”的风格。

（4）20 世纪：① 以美国为中心，轻造型、重营养的风格；② 以日本为中心，传统与现代生活相结合的风格。

古罗马：创造了西餐的雏形，餐饮业已颇具规模。最早的西餐源于今日的意大利。就餐时使用餐巾、在餐桌上放置玫瑰花、重大宴会时报每道菜的菜名等做法，均由古罗马人最早在餐厅中使用。庞贝古城的考古发现，当时客栈、餐馆和酒店十分兴盛，至今从遗址中仍能分辨出 119 家酒店或餐馆酒吧。

法国：18 世纪中期，法国成为欧洲政治、经济和文化中心，其物产丰富，农牧业发达，餐饮业迅速发展。法国菜选料广泛、烹饪方法讲究、烹饪技艺和菜肴组合比较科学，形成独具特色的法国菜肴风格。20 世纪 60 年代，法国又提出“自由烹饪”的口号，改革传统烹饪工艺，力求更符合人们的要求。法国被公认为“世界烹饪王国”，法国菜在世界上广为传播。

实践演练

（1）参观两家学徒制合作酒店，并对酒店的组织机构进行考察。画出两家企业的餐饮部的组织机构图，比较其餐饮部组织机构的差异性。

（2）调查几名有经验的服务员，让他们谈谈对餐饮从业人员这个职业的认识，以及餐饮从业人员应该具备什么技能和素质。回校后完成一份调研报告。

第二篇 餐前准备工作

任务一 迎宾服务

学习目标

知识目标：掌握迎宾及领位服务的有关基础知识。

技能目标：熟悉迎宾服务的程序。

学习重点、难点

重点：迎宾服务的程序。

难点：领位服务。

案例导入

［**案例1**］门外正下着雪，金小姐和同事们在忙着为来到餐厅的宾客们脱衣挂帽。今天正好是正月十五，餐厅已被订满，只见一家老小又走了进来，金小姐忙过去问候。

“晚上好，欢迎大家光临，请问先生贵姓?”金小姐熟练地问道。

“我姓冯，订了3月3日10个人的晚餐。”冯先生答道。

“可今天是3月2日，您订的是明天的晚餐。”金小姐提醒道。

“没错，我订的是正月十五的晚餐。我查看了，3月3日是正月十五。”冯先生十分着急地辩解着。

“今天确实是3月2日，阴历正月十五，请看我们的日历牌。”金小姐耐心地解释说。

“我们可能搞错了，但我们两家老小已经来了，外面又在下雪，你看能不能把预订改在今天?”一位女士忙上前插话道。

“今天的预订都满了，让我想办法看能不能解决。请先到休息室去休息一下吧。”金小姐把他们安排好，忙去帮他们联系，最后终于把他们安排在一个小宴会间。

“请您老坐在这里。”金小姐把年长的老人让到了主座。接着按顺序和冯先生的意愿分别将顾客安排入座，并让服务员为小朋友拿来了加高椅子。

“不知大家对这里满意不满意、坐得舒服不舒服。如果没有问题，我就请服务员为大家点菜。”临走前，金小姐又问。

“太感谢你了。你帮我们解决了时间问题，避免了明天再来，又为我们找到这么好的地方，服务太好了。我们要向饭店写表扬信。”附和着冯先生的话，大家纷纷对金小姐表示感谢。

[**评析**] 领位员在遇到提前到来的顾客和没有预订的顾客时，如果恰好赶上客满，就会感到问题十分棘手。本案例中，金小姐能够积极协助餐厅为顾客找到小宴会间，解决了顾客的困难。但如果餐厅真找不到地方，难道真让顾客等到其他宾客用完餐再入座吗？当然不行。让宾客长期等待是餐饮服务中最忌讳的事情。此时，应征求顾客的意见，与本饭店的其他餐厅或饭店以外的餐厅联系，为顾客解决餐位，并向他们说明实际情况。如顾客愿意长时间等待，另当别论。在领顾客到餐桌前时，应征求顾客的意见，按主宾位次入座，一般要优先安排老人、妇女、儿童入座。入座后最好了解一下顾客对座位是否满意、坐得是否舒服。

[**案例2**] 领位员小吴在焦急地等待一个迟到的旅游团。该团原定的用餐时间为晚6时，可现在已经到7时了，顾客仍不见踪影。又过了半个小时，小吴才看见导游带着一群顾客向餐厅走来。

“您是××旅游团的陪同吗?”小吴忙走上前问道。

“不是。我们团队没有预订，但由于飞机延误起飞，想在你们这里用餐，请务必帮忙解决。”陪同向小吴解释道。

“请您稍候，我马上替您联系。”小吴忙说。

“请问卫生间在哪里？有些团员想去。”陪同又说。

“实在对不起，我忘记告诉您。卫生间在餐厅的右侧。请您先带团员去，我马上就回来。”小吴说毕就去找餐厅经理联系。

经过联系，餐厅同意了顾客的要求，并决定请顾客先用原订餐旅游团的餐位。

小吴刚把这批顾客安排落座，那个预订过座位的团队就赶到了。

“实在对不起，先生。你们已经超过原定时间很久了，所以您订的餐位已经被人占用。不过，我先带你们去休息室休息一下，马上就给你们安排座位，时间不会太久。”看着这些面带疲倦的顾客，小吴急中生智地对该团队的陪同说道。小吴带顾客去了休息室，告诉他们卫生间的位置，并让其他服务员为他们送来了茶水，然后急忙回去联系餐位。

10 min 后小吴赶到休息室告诉顾客仍需等一下，并问大家休息得如何。大多数人对小吴积极主动的服务态度表示满意。又过了 5 min，餐厅终于完成了撤台、摆台、通知厨房出菜等餐前准备工作，小吴再次来到休息室对陪同说：“对不起，让大家久等了。我们在餐前与你们的联系不够，没有及时掌握大家晚来的原因，致使大家等候，请原谅。”

“这次迟到主要是我们的原因，饭店能在这么短的时间内为我们重新准备好晚餐是相当不错的，让我们感谢他们主动热情的服务。”陪同带头鼓起了掌。

顾客们怀着满意的心情，跟随小吴走进了餐厅。

[评析] 星级饭店餐厅的领位员经常会碰到一些特殊的情况，如预订的顾客晚到、没有预订的顾客和预订的顾客同时到来等。面对这些情况，领位员应具有灵活处理问题的能力，具有超常服务的意识，绝不能只以完成本职工作为理由，而拒绝接受那些晚来或没有预订的顾客。本例中的领位员小吴就具有超常服务的意识。她能积极替没有预订和预订迟到的顾客着想，根据不同情况灵活、积极、热情地为顾客服务。她没有机械地“轰走”客人，而是把他们挽留住，尽量减少顾客的等候时间，并主动把宾客迟到的责任揽到自己身上，体现了一定的服务技巧。

领位员在接待顾客的过程中还应注意小细节。如本例中，小吴在接待第一个旅游团的时候，忘记告诉顾客洗手间的位置；第二次就能主动提醒顾客，安排顾客去休息室，给顾客上茶水……诸如指明卫生间方向、替顾客脱大衣、安排顾客休息、为顾客送茶水饮料等服务，看上去是一些小事情，但缺少任何一项，都可能给整个服务过程造成影响。

任务布置

工作一：迎接问候顾客。

工作二：引领带位服务。

相关知识

一、迎接宾客

（1）面带微笑：在开餐前5 min站在餐厅门口指定的位置，面带微笑，恭候宾客到来。

（2）当宾客走到离餐厅门3 m处时，应准备为宾客服务。

（3）使用敬语：礼貌地询问宾客“您好，××先生/小姐，欢迎光临××餐厅！您一共几位?”或“您好，请问您有预订吗?”待宾客答复后，用规范的手势，引领宾客入席。

对已预订的宾客，领位员要提前熟记“预订单”或“预订记录”的内容，以便准确将宾客引领到其所预订的餐台。

一位优秀的领位员还要记住老顾客的姓氏，以便称呼。如泰国的东方宾馆是泰国最豪华的五星级酒店，一个公司的董事长在东方宾馆的餐饮部消费一次之后，他们的员工便把客人的信息进行了保存；这位董事长第二次来东方宾馆时，他们的员工一下就叫出了这位董事长的姓氏，他感到非常惊讶，同时又觉得非常受尊重，就成了东方宾馆忠实的客人，每次到泰国出差都会选择东方宾馆。因此，记住顾客的姓氏、外貌、爱好及特殊要求，和老顾客成为朋友，可以防止客人流失。

（4）礼貌带客：走在宾客左前方1～1.5 m迎领宾客。

二、合理安排就餐位

如果顾客没有预订，要合理安排就餐位，应考虑的因素包括如下方面：

（1）宾客差异性——年龄、身份等。

（2）宾客的喜好——吸烟区与非吸烟区。

（3）餐厅实际情况——餐厅规模的限制等。

餐厅客满时，请宾客在休息区等候，一有空位立即按等候顺序安排入座；宾客等候时可以提供菜单和酒水服务。如果宾客不愿意等候，主动帮助联系本饭店的其他餐厅，尽量安排宾客在本饭店就餐。

任务实施

步骤一　迎接宾客

（1）按规定着装，仪容端庄。

（2）站立于餐厅正门一侧，做好迎宾准备。

步骤二　问候宾客

(1) 见客前来，应面带微笑，主动招呼："您好，欢迎光临。"对熟悉的宾客用姓氏招呼，以示尊重。

(2) 迎宾员问清宾客人数、是否有预订，并问清预订人姓名或电话号码予以确认；若没有订位，则根据宾客的人数合理带位。

(3) 若餐厅已客满，应有礼貌地告诉宾客需要等候的时间。若宾客不愿等候，应向宾客推荐酒店其他餐厅并告知路线，同时应为宾客不能在本餐厅就餐而表示歉意；若宾客愿意稍候，应引领宾客至候餐处，并提供酒水服务。

步骤三　引领宾客

(1) 迎宾员走在宾客左前方，并保持1～1.5 m的距离，步速适中，按宾客步伐快慢行走。如路线较长或宾客较多，迎宾员应适时回头，向宾客示意，以免走散。

(2) 领位员指引方向时必须四指并拢，掌心向上。

(3) 将宾客引至桌边，征求宾客（未预订宾客）对桌子及方位的意见，待宾客同意后让其入座。

步骤四　拉椅让座

将座椅拉开，当客人坐下时，用膝盖顶一下椅背，双手同时送一下，使宾客保持与桌子的合适距离。

步骤五　领位员与值台员进行交接

招呼服务员接待宾客，并将就餐人数、主宾的姓名及房间号等告知服务员，以便服务员能够称呼宾客的姓名。

知识拓展

一、安排座位

领位员为宾客安排座位时，要考虑以下几个方面：

(1) 要把先到餐厅的宾客尽量安排在靠窗或靠门口区域的餐位，给行人以餐厅生意兴隆的感觉，起到招徕宾客的作用。

(2) 情侣或夫妇尽量安排在餐厅内环境优雅、安静的角落，以便他们讲悄悄话，不受打扰。

(3) 着装华丽的时髦女性，要安排在餐厅中央显眼的位置上。

(4) 行动不便的老人或残疾人，要安排在靠门附近，其行走路线较短；残疾人入座后应尽量挡住其残疾部位。

（5）接近最后点菜时间才到达餐厅的宾客，尽量将其安排在靠厨房的位置，以方便迅速上菜。

（6）为带孩子的宾客主动提供儿童椅，并保证其安全。

（7）对带宠物来餐厅的宾客，应婉言告诉宾客，宠物不能带进餐厅。

（8）对商务宾客，应考虑他们在就餐时可能要进行贸易或其他公务商谈，可将其引领到边角较为安静的座位。

（9）餐厅客满时，请宾客在休息室休息，一有空位按等候顺序安排入座。等候时可提供杂志和饮料服务。

二、引领位置

引领的标准位置是左前方 1 ~ 1.5 m 处，那左右怎么分？根据接待礼仪、社交礼仪的规则，应把墙让给宾客，实际上就是让宾客走在内侧，陪同人员走在外侧。因为我国道路的行进规则是右行，靠墙走就是宾客在右，陪同人员在左，换句话说，宾客在里面，引领人员在外面。

三、餐前准备工作

餐前准备是餐饮服务的重要环节之一，是餐饮服务的基础。餐前准备工作不充分直接与餐饮服务过程中服务缺陷和失误的存在有关系。餐前准备工作充分与否也反映出餐饮服务专业水平的高低和服务质量的优劣。

餐前准备工作主要包括环境准备、人员安排、餐前例会几方面的内容。

（一）环境准备

就餐环境是宾客挑选餐饮场所的重要因素。宾客如果能在安全、卫生、幽静、轻松的场所就餐，便会感到舒心和愉快，就会对餐厅有良好的初步印象，此时，餐饮服务已经成功了一半。环境准备工作主要通过外部环境和内部环境来体现。外部环境是指车位的安排、道路的清洁、卫生间的清洁等；内部环境是指服务员的服装、餐厅的清洁、室内温度及灯光的调节、餐台的摆放等。在此，主要介绍内部环境的准备情况。

1. 整理餐厅

在开餐前认真做好清洁工作。按设施、设备分类情况分别检查餐厅家具设备、工作台、餐桌、灯具、门窗、窗帘等是否完好无损、整洁有序；同时检查餐桌、餐椅的布局是否合理。

2. 物品准备及摆台

（1）物品准备。将开餐所需的各种餐、用具（如杯、盘、碗、碟、调味品等）和服务用具（如托盘、开瓶器、菜单、毛巾夹等）准备好。

（2）摆台。根据餐别，按要求及规范摆好餐具和用具。

3. 调节好室温与灯光

（1）调节好室温。根据季节及营业时间将室温调节到适宜的温度，一般为18～22℃。

（2）调节好灯光。根据不同的就餐形式将灯光调节到适当的亮度，如宴会厅应是灯火辉煌。

（二）人员的分工与准备

在餐厅营业前，服务员有许多工作要做。工作任务明确有助于服务员顺利完成各项准备。

1. 人员的分工

开餐前根据宾客的餐别、标准、人数、进餐时间等分配当班工作人员。

2. 个人形象的准备

做好个人卫生，佩戴好工号牌，仪表整洁。在员工基本完成各项准备工作、开始营业前，由餐厅前台经理或主管负责主持短会。

（三）餐前例会的召开

餐前例会不仅能起到传达餐厅的经营指导思想和餐厅具体工作安排的作用，而且可与后厨沟通宾客就餐情况，从而使后厨的菜肴制作及时地贴近宾客的需求。另外，餐前例会也为员工展示自我提供了一个平台，这个平台不但使员工得到了锻炼，而且也调节了餐前工作气氛，使每一位员工都能带着愉快的心情投入到紧张的工作中。

1. 基本内容

（1）每日餐前例会可以由餐厅经理、主管或领班主持。

（2）进行考勤，检查出勤率，对违纪人员及违纪情况做详细记录。

（3）由领班通报上一个班次的工作业绩、良好表现和不足与问题，提请员工注意。

（4）餐厅经理或主管传达上级的任务、命令、指示和要求，总结上一个班次中存在的问题，对重点投诉进行分解，以免员工犯同样的错误。

（5）领班布置当班主要的接待任务和具体的分工情况。

（6）讲评工作，奖励优秀员工，批评不良行为等。

（7）讲解食品和酒水、服务知识等内容。

（8）每日英语和服务用语学习。

（9）鼓舞士气，喊口号、说格言，保证员工情绪高昂，做好员工动员工作。

（10）餐厅经理、主管或领班致谢，表示愿与员工一起做好当班各项工作，对员工的辛苦工作表示感谢。

2. 基本程序

（1）入场：激励性地问候，把大家的情绪都提起来，快速进入工作状态。

（2）考勤，并做详细记录，专人负责。

（3）领导通告上级下达的任务、命令、指示和要求。

（4）通告前一个班次的工作业绩、良好表现和存在的不足等。

（5）通知当班的主要接待任务、主要工作和应注意的问题。

（6）告知当班饭店与餐厅的一些基本变更情况，提请大家注意。

（7）每日学习，包括外语、日常服务用语、礼仪礼貌、食品和酒水知识、服务方法方式、全员营销等内容。

（8）检查员工的仪容仪表，可以由 1 ～ 2 个员工做“每日仪表督查”，调动员工的积极性。

（9）鼓舞士气：喊口号、说格言等。

（10）当各项准备工作就绪后，餐厅各岗位的服务人员各就各位，餐厅提前 5 min 开门接待顾客。

3. 注意事项

（1）至少提前一天准备好两节例会的提纲，不至于开会时手忙脚乱、无的放矢、不知所措或敷衍了事。

（2）突出主题，简洁明了。

（3）例会要简短，不要让员工觉得烦躁，影响工作效率，这也是为了给员工留出充足的工作时间。

（4）不要把例会开成批斗会，要以表扬和激励为主调。即使有需要批评的和检讨的地方，也要注意分寸，把不好的事情引向好的、积极的方向。

（5）互动例会中，对一些需要员工集思广益的问题，要给予他们充分的自由来表达自己的意见；要充分发扬民主，形成和谐的班组团队氛围。

（6）检查例会中，事先要做到心中有数，不要让下属尴尬、出洋相，更不能利用例会刻意为难某些员工，避免影响士气。

（7）示范例会时，会前要把相关道具准备好，真正起到临时培训的作用，不断提高员工的技能和素质，最好会前自己演练一遍。

（8）注意个人形象。作为领导，代表的不只是自己个人，而是一个班组、部门，也是这个酒店的形象大使。

（9）要鼓励员工参与例会的设计和管理，如“每日仪表督查”等。这样可以调动员工的积极性，避免领班或其他领导一言堂，特别是一些需要员工献计献策的例会更应该如此。

实战演练

师生互扮角色，模拟情境按步骤操作，学生之间相互观察并进行点评，教师指导纠正。

（1）评分要求：按百分制计分，站姿 10 分，仪容仪表 10 分，引领服务 80 分（表 2-1）。

（2）每个同学演练召开一次餐前例会。

表 2-1　技能评判表

考核项目	技能标准	评判结果		
		分值	扣分	得分
站姿	参见“第一篇”	10		
仪容仪表	参见“第一篇”	10		
引领服务	迎接宾客	15		
	问候宾客	15		
	引领宾客	15		
	拉椅让座	15		
	领位员与值台员进行交接	20		
合计		100		

任务二 托盘服务

学习目标

知识目标：了解托盘的种类与用途及托盘使用的具体要求。

技能目标：掌握轻托、重托的技能及托盘行走的正确方法。

学习重点、难点

重点：轻托服务。

难点：轻托服务。

案例导入

夏日中午，酒店宴会大厅正在举行记者欢迎午宴，百余名客人在轻声交谈，舒缓的背景音乐响起。这时，一位男侍应生手托饮料盘向客人走来，一不小心，托盘上的饮料翻倒，全部洒在邻近的一位女士身上。女士被这突如其来的事情吓得发出了一声尖叫，叫声惊动了百余名客人，大家的目光一齐投向这位女士……

[思考] 如何才能熟练操作托盘，避免和减少服务事故的发生呢？

[评析] 托盘是餐厅服务中为顾客端送各种物品的常用工具之一，比手推车灵活、方便，比徒手端托卫生、安全。托盘服务是在摆台、斟酒、上菜等操作过程中必须掌握的一项基本操作技能。如果托盘技能不过关，可能会在服务过程中造成失误，甚至引起客人投诉。因此，餐厅服务员必须了解托盘的种类、规格及使用知识，并熟练掌握托盘的服务技能。

任务布置

工作一：轻托

轻托又称胸前托，通常使用中、小圆托盘或小方托盘上酒、上菜。因为盘中运送的物品质量（一般在 5 kg 以内）较轻，所以称这种方法为“轻托”；又因盘子平托于胸前，所以又称为“平托”或“胸前托”。

轻托的操作按程序可以分为理盘、装盘、起托、行走、落托几个步骤。

工作二：重托

重托也称肩上托，是对较大且较重物品的端托，所托质量一般为 5 ～ 10 kg，日常工作中多采用长方形托盘，要求服务员有一定的臂力和技巧。目前，重托在饭店并不常用，一般用小型手推车代替，但了解和掌握重托的基本技能也是必需的。

重托的操作按程序可以分为理盘、装盘、起托、行走、落托几个步骤。

相关知识

一、托盘的种类

（一）按制作材料分

（1）木质托盘：这种托盘用木做坯，外表用油漆进行彩绘。

（2）金属托盘：又可分为铜质托盘、铝制托盘、不锈钢托盘，以及高档的金、银托盘（金、银托盘一般采用铜质金属做胎，外镀金或银）。

（3）塑料托盘：这类托盘均采用防滑处理，现在饭店多使用这种托盘。

（二）按规格分

圆形托盘按规格可以分为大号（直径 45 cm，55 cm）、中号（直径 40 cm，35 cm）、小号（直径 30 cm）三类。餐厅席间服务常用的托盘直径以 40 cm 较为适宜。

长方形托盘按规格分为长 51 cm、宽 38 cm 的大号方形托盘，以及长 45 cm、宽 35 cm 的中号方形托盘，长 35 cm、宽 22 cm 的小号方形托盘等不同型号。

（三）按形状分

托盘按形状可分为圆形、长方形、正方形和异形四类。圆形、方形托盘是最常用的托盘，方形在一些西餐厅、快餐厅比较常用。

二、托盘的用途

（一）长方形及正方形托盘

主要用于把较有分量的菜肴从厨房搬运到餐厅，或把脏的餐具撤回厨房清洗。由于物品较重，使用者可以双手端着托盘行动。

（二）大圆形托盘和中圆形托盘

一般用于斟酒、展示饮品、送菜、分菜、送饮料等。

（三）小圆形托盘

主要用于递运账单、收款等。

（四）异形托盘

主要用于特殊的鸡尾酒会或其他庆典活动。

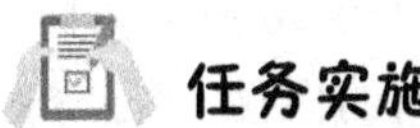

任务实施

工作一：轻托

步骤一 理盘

理盘是指清洁、整理盘子。根据所托物品选择合适的托盘，将托盘洗净擦干，在盘内垫上洁净的餐巾或垫布，铺平。垫巾的大小、形状要与托盘相适应，外露部分一定要均匀。整理、铺垫托盘既是为了整洁美观，又可以避免托盘内的物品滑动，便于端托服务。

步骤二 装盘

装盘是端托的关键环节，一般要求根据所用托盘的形状码放。用圆形托盘时码放的物品应呈圆形；用长方形托盘时，码放的物品应横竖成行。无论使用圆形还是长方形托盘，都应将重物、高物摆放在里侧；轻物、低矮物放在外侧；先使用的物品在上、在前，后使用的物品在下、在后，质量分布均衡，摆放整齐，装盘应安全稳妥，便于端托服务。

步骤三 起托

（1）轻托操作要领：轻托一般用左手托，左手掌伸平，掌心向上，五指分开，左臂弯曲成90°，用左手五指指尖和拇指掌根托住托盘底部中间部位，掌心不得与盘底接触，使手指、手掌和手腕同时受力，将托盘平稳托起，平托于身体左前方。托盘应略高于腰部，不要将托盘靠在身上，应留有一定的空隙。

（2）起托：托盘起托时，左脚先迈半步，上身稍微前倾，用右手慢慢地把托盘平拉出1/3或1/2，左手成端托姿势托住盘底，然后收回左脚，调整托盘重心。

步骤四 行走

行走是指服务员托起托盘走动时的动作，应头正肩平、上身挺直、注视前方、脚步轻缓、行走自如，使托盘随走动的步伐自然摆动。托盘行走时有以下五种步伐：

（1）常步：步履均匀而平缓，快慢适当。适用于餐厅日常服务工作。

（2）快步（疾步）：较之常步，步速要快一些、步距要大一些，但应保持适宜的速度，不能表现为奔跑，否则会影响菜形或使菜肴发生泼洒现象。适用于端送火候菜或急需物品，用最快的速度走路，以保证菜不变形、汤不洒。

(3) 碎步（小步）：步距小而快地中速行走。运用碎步，可以使上身保持平稳，避免汤汁溢出。适用于端送汤汁多的菜肴及所托物品较重的情况。

(4) 跑楼梯步：身体向前倾，重心前移，用较大的步距，一步跨两个台阶，一步紧跟一步，上升速度快而均匀，巧妙地借用身体和托盘运动的惯性，既快又节省体力。这种方法适用于托送菜品上楼。

(5) 垫步（辅助步）：当服务员在狭窄的过道中间穿行需要侧身通过时，右脚侧一步、左脚跟一步或左脚侧一步、右脚跟一步，采用垫步可巧妙地避开障碍物，避免意外事故的发生。在端送物品到服务台前并准备将所端物品放在服务台上时，也应采用垫步，便于平稳放下所托物品。

步骤五　落托

当物品送到餐厅时，小心地放在一个选择好的位置，双手将托盘端至桌前，放稳后再取物品，从托盘两边交替拿下。落托时，一要慢，二要稳，三要平。左手转掌落托盘时，要用右手协助。待托盘盘面与台面平行时，再用左臂或左手将盘向前推进，落托动作结束后应及时将盘内物品整理好。

(1) 如果所托物品较轻，可以用右手将物品从托盘中取下来递给顾客。物品取走后，服务员应及时用右手对托盘位置或盘中物品进行调整，使托盘保持平衡。

(2) 如果所托物品较重，服务员可以将托盘放在邻近的桌面或服务台上，然后将所托物品依次递给顾客。

工作二：重托

步骤一　理盘

由于重托的托盘经常与菜肴接触，易沾油腻，因此每次使用前都要擦洗、消毒，并将洁净的餐巾或垫布用清水打湿拧干，端正地平铺在盘内。

步骤二　装盘

重托装盘时，应将托盘内物品分类码放均匀且稍有间距，不同质量的物品要在盘中分布均匀，并注意将物品按高低、大小摆放协调。

步骤三　起托

(1) 起托时，用双手将托盘的边移至工作台外，用右手拿住托盘的一边，左手伸开五指托住盘底，上身前倾，双腿弯曲下蹲，掌握好重心后，用右手协助左手向上托起，同时左手向上弯曲臂肘，转动手腕将托盘稳托于肩上。

（2）托起后，托盘应悬空托于左肩外上方，盘底约离肩 2 cm，要做到盘前不靠嘴，盘后不靠发。右手或自然摆动，或扶住盘的前内角，并随时准备排阻他人的碰撞。重托也可以用右手，根据个人习惯决定。

（3）站立时要求头正、肩平，上身挺直，双眼目视前方。

步骤四　行走

行走时，表情自然，步伐不宜过大、过急，盘面应始终保持平衡、平稳，防止汤水外溢。

步骤五　落托

落托时，左脚向前迈一步，用右手扶住托盘边缘，左手向右转动手腕，同时托盘向右旋转，当盘面从左肩移至与台面平行时，再用左臂和右手向前推进。

重托操作时要求“平、稳、松”。“平”就是在托盘的各个操作环节中都要掌握好重心，保持平稳，不使汤汁外溢，行走时盘要平、肩要平，两眼要平视前方。“稳”就是装盘合理稳妥，托盘稳而不晃动，行走时步伐稳健不摇摆。“松”就是动作表情要轻松，面容自然，上身挺直，行走自如。

知识拓展

端托应注意的问题

一、端托卫生

端托时要注意卫生。轻托时，所托物品要避开自己的口鼻部位，也不可将所托物品置于胸下；端托中需要讲话时，应将托盘托至身体的左外侧，避开自己的正前位。重托时，端托姿势要正确，托举要到位，不可将所托物品贴靠于自己的头颈部位。

二、端托安全

（1）端托时，左手端托，右手下垂，除了起托和落托时右手扶托外，其他时间禁止右手扶托。右手扶托的缺点有三点：一是不雅观；二是重托时容易遮挡行走视线；三是容易造成端托失误。

（2）端托时，目光应平视前方，切勿只盯托盘；端托需拿托盘内所托物品时，应做到进出有序，确保所托物品的平衡。

（3）需用托盘垫布时，垫布应置于托盘正中，四角下垂应相等。

（4）端托时，即使再急，也不能抢路、不让路或跑步行进。

实战演练

准备若干圆托盘和酒瓶，分小组练习轻托站立、行走、平衡力。

（1）按百分制计分，理盘 20 分，装盘 20 分，起托 30 分，托盘站立与行走 20 分，落托 10 分（表 2-2）。

（2）以教师规定时间为准，每超过 1 s 扣 1 分。

表 2-2　技能评判表

序号	考核项目	技能标准	评判结果		
			分值	扣分	得分
1	理盘	整理，清洁托盘	20		
2	装盘	控制重心，双手放置相关物品	20		
3	起托	起托时，用右手慢慢地把托盘平拉出 1/3 或 1/2，左手成端托姿势托住盘底，各环节保持平衡，无翻盘现象	30		
4	托盘站立与行走	站立时头正、肩平，上身挺直，两眼目视前方；行走时平稳、轻松，身体不摇摆，动作灵活	20		
5	落托	调整动作，呈轻托状态后，再落盘	10		
合计			100		

任务三 餐巾折花

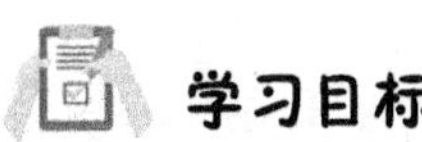

学习目标

知识目标：了解餐巾的作用及种类、餐巾花造型的种类、餐巾花选择及运用。

技能目标：能熟练折叠常见的餐巾花。

学习重点、难点

重点：餐巾折花。

难点：餐巾花花形的选择。

案例导入

小李实习的第三天，看到老员工折餐巾花折得又好又快，非常羡慕，立即主动向老员工学习。

[思考] 餐巾花该如何折叠？如何摆放？

[评析] 餐巾，一般为正方形布巾，又称口布、席巾等，大小一般为50 cm×50 cm或45 cm×45 cm，它可以防止汤汁油污弄脏衣服，是宾客用餐时的保洁方巾。餐厅服务员将餐巾折成各种造型插入杯中或置于餐盘中，其绚丽的色彩、逼真的造型既可以起到装饰美化餐台、烘托用餐气氛的作用，还可以标示宾主席位，便于宾客入座。可以说，餐巾花折叠是提高服务质量和服务档次的一项重要内容。

任务布置

工作一：杯花的折叠。

工作二：盘花的折叠。

相关知识

一、餐巾的种类及特点

（一）按质地分

1. 纯棉织品

特点是吸水性强，去污力强；浆熨后挺括，易折成型，造型效果好，但第一次折叠时效果才最佳；手感柔软，但清洗麻烦，洗净后需上浆、熨烫。使用半年左右需要更换。

2. 棉麻织品

特点是质地较硬，不用上浆也能保持挺括。

3. 化纤织品

特点是颜色亮丽，透明感强，富有弹性，比较平整，如一次造型不成，可以二次造型，不用熨烫，使用方便，但可塑性不如纯棉织品和棉麻织品好；易清洗，但吸水性差，去污力不如纯棉织品；手感不好。

4. 纸质餐巾

特点是成本低，更换方便；但是不够环保，同时也给人一种非正式和低档的感觉。

（二）按颜色分

1. 白色餐巾

色调素雅，给人以清洁卫生、恬静优雅之感，有助于调节视觉和安抚情绪，但是不耐脏。

2. 彩色餐巾

彩色餐巾又可分为暖色调和冷色调两种。暖色调餐巾有红色（玫瑰红、粉红）、橘黄色、鹅黄色等色彩，色调柔美，充满喜气，给人以富丽堂皇、兴高采烈之感，可以烘托用餐气氛，从侧面引起宾客的食欲；冷色调餐巾有浅绿色、淡蓝色等色彩，色调清新，给人以平静、舒适、凉爽之感。彩色餐巾的丰富色彩可与特定宴会的餐饮活动相配合，起到理想的艺术效果。

（三）按规格分

餐巾规格的大小在不同的地区不尽相同。根据实际使用效果，边长 45 ~ 50 cm 的餐巾折叠造型较为普遍适宜，当然其规格尺寸也可根据各地实际使用情况略有伸缩，但边长一般不小于 40 cm，不大于 60 cm。无论是哪种规格的餐巾，都必须是四边相等的正方形。餐巾边缘有平直形和波浪曲线形两种。

二、餐巾折花的基本技法

餐巾折花的基本技法包括折叠、推折、卷、穿、翻、拉、捏7种。

（一）折叠

1. 折叠的定义

折叠就是将餐巾平行取中一折为二、二折为四，或者折成三角形、长方形、正方形、菱形、多齿形、梯形等多种形状。

2. 折叠的要求

（1）一般由折而叠，或一折一叠，要求对称，或按照形状要求有规律地折叠。

（2）要熟悉基本造型，折叠前算好角度，一次折成，避免反复，以免在餐巾上留下褶痕，影响美观。

（3）按压平整，保持形状，进行其他技法的操作。

（4）在折叠之前要分清餐巾的正反面，保证最终餐巾正面为花的观赏表面；也要分清是向上还是向下折叠，方便后续技法的操作；还要分清是单面还是双面折叠，防止折叠出错误的基本形状。

（二）推或推折

1. 推折的定义

推折即折裥，是将折叠好的餐巾推或推折成一裥一裥的形状。

2. 基本技法

（1）在打折时，双手的拇指、食指捏住餐巾一端的两边，或餐巾中间的两边。

（2）两个大拇指相对成一线，指面向外，指侧面按紧餐巾向前推动餐巾至中指处，用食指捏住推折的裥而形成均匀的折裥（初学可以用食指或中指向后拉折，但是这样往往不容易保证折裥均匀），这样形成的褶比较均匀。

（3）这时应用食指将打好的褶挡住，中指腾出来，去控制好下一个褶的距离，三个指头互相配合，注意观察推折的效果。

（4）推折时，要在光滑的盘子或托盘中进行。

3. 基本要求

（1）由推而折，辅以捏，要求褶的间距均匀。

（2）根据不同的花型与后续技法，选择从一端开始，还是从中间开始推折。

（3）拇指和食指要捏住裥，中指控制间距，在转换到下一个技法时注意保持最终的推折形状。

(4) 推折时，工作台面要干净光滑，否则推折时会发涩，影响效果，还会损坏餐巾。

(三) 卷

1. 卷的定义

卷是指将餐巾卷成圆筒或实心卷并制出各种花型。卷的方法可以分为直卷和螺旋卷两种。

2. 基本技法

(1) 直卷：又称为平行卷，是将餐巾一端的两头一起卷起，形成实心卷或筒。直卷时，拇指和食指捏住餐巾头或角，由内向外翻转，食指抽出压住餐巾头，拇指再从餐巾头底部捏住餐巾头，依次往复卷至要求的地方即可。在这个过程中，中指和无名指要压住餐巾，不让其滑动。

(2) 螺旋卷：又称为斜角卷，可先将餐巾折成三角形，餐巾边参差不齐；或将餐巾一头固定，只卷起另一头；或一头多卷，一头少卷，形成一头大、一头小的实心卷或筒。螺旋卷的技法基本同直卷，只是在不同的端头用力且卷的幅度不同而已。

3. 基本要求

无论是直卷还是螺旋卷，餐巾都要卷紧、挺括，如卷得松，在后面的折花中就会出现软折，弯曲变形，影响造型效果。螺旋卷要用拇指控制卷的速度和卷筒的粗细、卷的角度。

(四) 穿

1. 基本技法

穿时左手握牢折好的餐巾；右手拿筷子，将筷子的一头穿进餐巾的夹层褶缝中，另一头顶在自己身上或桌子上；再用右手的拇指和食指将筷子上的餐巾一点一点往里拉，直至把筷子穿过去。使用两根或两根以上的筷子穿时，注意后面穿的动作不要影响前面的花形。抽取筷子时应轻、慢、稳，以利于保持花形。

2. 基本要求

皱褶要求拉得均匀、平、直、细小；穿时注意左手攥住餐巾，使之不要散形；穿好后，要先将折花插进杯子，再把筷子抽掉，否则皱褶易松散。穿时用的筷子最好为圆形，粗细适中、光滑、硬度强。

3. 穿的类型

(1) 一根筷子穿。

(2) 两根筷子穿，一般先穿下面的筷子，再穿上面的筷子，两根筷子都穿好以后，才依次将筷子轻轻抽出。

穿一般是在折叠或推折的基础上进行的，只在部分花形中使用。

（五）翻

1. 翻的定义

翻就是将餐巾折卷后的部位翻成所需花样，将餐巾进行上下、前后、左右、里外翻折的一种技法。翻大多用于折花鸟。

2. 操作方法

（1）翻的动作一般与拉、转动作相结合。

（2）一手拿餐巾，另一手将下垂的餐巾翻起一角，拉成花卉及鸟的头颈、翅膀、尾巴等，或翻转成一定的花形。

3. 基本要求

翻拉花卉的叶子时，要注意对称叶子的大小一致，距离相等，叶片交错，形象自然；翻拉鸟的翅膀、尾巴或头时，一定要拉挺，不要软折。

4. 翻的类型

（1）翻转向背面，即将已经初步折叠的餐巾翻转过来，再进行新的操作。

（2）由内向外翻拉，如帆船等。

（3）向上翻拉，如玉米的叶等。

（4）向下翻拉。

（5）左右翻拉，如风车的最后一步。

翻和拉、转、捏等技法相配合，一般为整理性技法，起到修饰花形的作用。

（六）拉

1. 拉的定义

拉常常与翻的动作相配合，是在翻折的过程中将餐巾花的某一部分由里向外拉伸，使花形挺直的一种技法，大多用于折花、鸟。用手从基本折叠好的花模中拉出餐巾的一角或头，形成花的叶、花瓣，或鸟的翅膀、尾巴，或鱼的尾巴等。

2. 基本技法

一手握住所折的餐巾，另一手翻折，拇指和中指捏住餐巾的一角或一端，从下往上，或从上往下，或由内向外拉出来即可。

3. 基本要求

在翻拉的过程中，两手必须配合好，否则会拉散餐巾；用力要均匀，拿握该松则松，该紧则紧；大小比例适当，造型挺括。

（七）捏

捏主要用于折鸟或其他动物的头部，它常常与压的动作相配合。

1. 基本技法

（1）将鸟的颈部拉好（鸟的颈部一般用餐巾的一角）。

（2）用一只手的拇指、食指、中指三个指头，捏住鸟颈的顶端。

（3）食指向下，将餐巾一角的顶端尖角向里压下，拇指和中指做槽，将压下的角捏出尖嘴。

2. 基本要求

要适当用力，一次捏成。截取餐巾角或顶端时要适当，应基本符合动物的颈部比例。

三、餐巾折花的注意事项

（1）做好操作前的准备工作。

（2）讲究卫生，操作前要洗手消毒；在干净的托盘或餐盘中操作；操作时不允许用嘴咬；放花入杯时，要注意卫生，手指不允许接触杯口，杯身不允许留下指纹。

（3）一次成型，减少折痕，快速熟练。

（4）造型简单，美观大方，使用方便。

（5）注意整理与放置，保持花形；餐巾折花放置在杯中高度的 2/3 处为宜，不宜插入过深。

（6）折花时要分清餐巾的正反面，姿势自然，手法轻巧灵活。

（7）用心观察，全心投入，精心折叠，耐心整理。

任务实施

工作一：杯花的折叠

（1）每人取餐巾 5 张。

（2）折叠 5 种不同的杯花，并按中餐正式宴会摆放餐巾花。

（3）从主人位开始逐一报花名，并介绍每一种花的应用范围和含义。

工作二：盘花的折叠

（1）每人取餐巾 5 张。

（2）折叠 5 种不同的盘花，并按宾主顺序依次摆放。

（3）餐巾花识别训练。

知识拓展

一、餐巾花花形的选择

餐巾花花形的选择和运用，一般应根据宴会的性质、规模、规格，冷菜名称，季节时令，来宾的宗教信仰、风俗习惯，宾主座位的安排，台面的摆设需要等因素进行考虑。餐巾花花形选择的总体原则如下：

（1）根据宴会或用餐的性质来选择花形。例如，在以欢迎、答谢、表示友好为目的的宴会中，餐巾花可设计成友谊花篮及和平鸽等，表达热爱和平、友谊长存之意；婚宴时可以选用“鸳鸯”“喜鹊”“比翼双飞”等，蕴含花好月圆、夫妻恩爱、天长地久之意。

（2）根据宴会的规模来选择花形。一般大型宴会可选用简单、快捷、挺拔、美观、统一的花形；每桌可以选主位花形、来宾花形两种，每一个台面的花形应有所不同，显得多姿多彩。小型宴会可以在同一桌上使用各种不同的花形，形成既多样又协调的布局；一般使用2～3种动植物花形相间搭配，形成既多样又协调的布局。

（3）根据花式冷拼选用与之相配的花形。例如，冷拼是“游鱼戏水”，餐巾花则可以选用“金鱼”造型。

（4）根据季节时令选择花形。用台面上的花形反映季节特色，使之富有时令感和真实感。例如，夏天举办的宴会选用“荷花”“扇子”“玉兰花”等；冬天举办的宴会则选用“梅花”“冬笋”“仙人掌”“企鹅”等。

（5）根据宾客的身份、风俗习惯和爱好来选择花形。例如，美国人喜欢山茶花，忌讳蝙蝠；日本人喜爱樱花，忌讳荷花、梅花；法国人喜欢百合，讨厌仙鹤；英国人喜欢蔷薇、红玫瑰，忌讳大象、孔雀等（相关内容可以查阅相应的专业书籍，进一步拓展知识面）。

（6）根据宾客的宗教信仰来选择花形，不能触犯宾客的宗教禁忌。

（7）根据宾主座位的安排来选择花形。宴会主人座位上的餐巾花称为主花，主花要选择美观而醒目的花形，其目的是使宴会的主位突出。

此外，还应该根据菜单的内容选择不同种类的餐巾花形，使之与餐点相得益彰，增加宴会的热烈气氛。

二、餐巾花摆放的基本要求

（1）主花要摆插在主位，一般的餐巾花摆在其他宾客席上，但要高低均匀、错落有致，达到一种视觉艺术效果。

（2）将餐巾花的观赏面朝向宾客。摆放餐巾花，要方便宾客从正面观赏，如孔雀开屏、和平鸽等花形要正面朝向宾客；适合侧面观赏的，要将最佳观赏面朝向宾客。

（3）相似花形错开摆放。在一个台面上，摆放不同品种花形时，形状相似的花形要错开，对称摆放。

（4）恰当掌握杯内餐巾花的深度。餐巾折成花形后，放入杯内的深度要适中，杯内的部分要折叠整齐、规范。

（5）摆放距离均匀。各种餐巾花之间的间距要均匀，做到花不遮餐具，不妨碍服务操作。餐巾花既是用餐的一种卫生用品，又是台面上的一种艺术品，具有实用和观赏两种属性。餐厅服务人员要认真掌握餐巾花的折叠方法，做到技术性和艺术性相结合，使台面完整和谐。

三、餐巾折花发展新趋势

因为杯花是用手将花插入杯中的，折花之前手要严格消毒，而用盘花可减去手握杯的环节，满足宾客清洁卫生的心理。因此，餐巾折花逐渐向盘花发展。

实战演练

准备若干餐巾，分小组练习餐巾折花。

（1）在 5 min 内折叠出 10 种不同花形，要求花形高低错落、美观大方（10 分）。

（2）这 10 种花形必须包含 5 种动物花形和 5 种植物花形（50 分）。

（3）这 10 种花形必须包含 7 种折叠方法（40 分），技能评判见表 2-3。

表 2-3　技能评判表

序号	考核项目	技能标准	评判结果		
			分值	扣分	得分
1	叠	熟悉造型，看好角度，一次成形	5		
2	折	距离均等，高低大小一致	10		
3	卷	用力均匀，卷筒紧凑	5		
4	穿	皱褶均匀，不散架	5		
5	翻	用力均匀，自然美观	5		
6	拉	用力均匀，距离均等，造型挺括	5		
7	捏	手指用力，棱角分明	5		
合计			40		

任务四　摆台服务

学习目标

知识目标：了解中西餐摆台的标准和要求。

技能目标：按照国家职业技能鉴定的标准在规定时间内完成中、西餐宴会摆台。

学习重点、难点

重点：中餐摆台。

难点：中西餐摆台。

案例导入

一位翻译带领四位外宾走进了某三星级饭店的中餐厅。入座后，服务员开始帮他们点菜。外宾点了一些菜，还点了啤酒、矿泉水等饮料。突然，一位外宾发出诧异的声音，原来他的啤酒杯有一道裂缝，啤酒顺着裂缝流到了桌子上。翻译急忙让服务员过来换杯。另一位外宾用手指着眼前的小碟子让服务员看，原来小碟子上有一个缺口。翻译赶忙检查了一遍桌上的餐具，发现碗、碟、瓷勺、啤酒杯等物均有不同程度的损坏，上面都有裂痕、缺口等瑕疵，同时，餐具摆放参差不齐。五位顾客感到不快，并投诉饭店。

[思考] 中餐厅应该如何摆台，需掌握哪些知识与技能?

[评析] 摆台就是为顾客就餐安排餐台和席位，并提供必要的就餐用具。具体来说，摆台包括餐桌的布局、铺台布、安排席位、准备用具、摆放餐具和美化台面等。摆台技术是餐厅服务员的基本功，是宴会设计的重要内容，摆台的好坏直接影响服务质量和餐厅的面貌。

任务布置

工作一：中餐摆台。

工作二：西餐摆台。

相关知识

工作一：中餐摆台

（一）中餐餐台

中餐餐台常见的有圆桌和方台两种。

在中餐宴会活动中，一般多使用圆桌和玻璃转盘。转盘要求型号、颜色一致，表面清洁、光滑、平整。每桌人数从 8 人、10 人到 12 人不等，桌的大小和每桌人数相对应。如直径 160 cm 的圆桌，每桌可坐 8 人左右；直径 180 cm 的圆桌，每桌可坐 10 人左右；直径 200 ～ 220 cm 的圆桌，每桌可坐 12 ～ 14 人。餐厅方台的规格一般有 90 cm × 90 cm，100 cm × 100 cm 和 110 cm × 110 cm 三种。一般情况下，1 ～ 2 位顾客可选用 90 cm × 90 cm 的方台，3 ～ 4 位顾客可选用 100 cm × 100 cm 的方台，4 位顾客宜选用 110 cm × 110 cm 的方台。

（二）桌次安排

中式宴会通常为 8 ～ 12 人一桌，人数较多时也可以平均分成几桌。在宴会不止一桌时，要依据以下原则合理安排桌次：

（1）以右为上：当餐桌分为左、右时，以面门为据，居右之桌为上。

（2）以远为上：当餐桌距离餐厅正门有远、近之分时，以距门远者为上。

（3）居中为上：多张餐桌并列时，以居于中央者为上。

（4）在桌次较多的情况下，上述排列往往交叉使用。

（三）席次安排

席次是指同一餐桌上的席位高低（图 2-1），主要有以下原则：

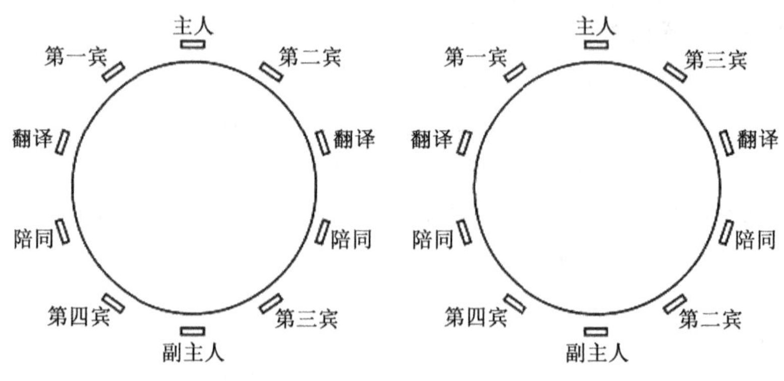

图 2-1　中餐宴会座次安排示意图

（1）面门为上：主人面对餐厅正门。有多位主人时，双方可交叉排列，离主位越近，地位越尊。

（2）主宾居右：主宾在主位（第一主位）右侧。

（3）好事成双：每张餐桌人数为双数，吉庆宴会尤其如此。

（4）各桌同向：每张餐桌的排位均大体相似。

（四）摆台用具

摆台用具主要包括瓷器、玻璃器皿和其他餐具。

1. 瓷器

（1）餐碟（也称骨碟、渣盘）：进餐中吃冷、热菜或放骨、刺等用的盘，一般选用直径 15 cm 左右的圆盘。

（2）衬盘（垫盘）：放在餐碟下面，主要起美观台面的效果，一般高级宴会用得较多。它的颜色和款式变化也较多，制作材料有金属、瓷器、水晶、有机玻璃等。

（3）汤碗：用来盛汤或盛带有汤汁的菜肴，一般选用直径为 9 ～ 10 cm 的小碗。高级和重要宴席汤碗一般放在镀金或银制的碗托里。

（4）汤勺：有瓷制的小汤勺，也有金属制的长柄汤勺。长柄汤勺主要作公用勺，摆放在筷架上备用。小汤勺用于盛汤、甜点或带有汤汁的菜肴，一般摆放在汤碗或味碟里。

（5）味碟：用于盛放辣酱、豆油、醋、姜汁/芥末等调味品。一般选用直径为 7 ～ 10 cm 的小碟。

（6）筷架：作用是将筷子前端架起，避免其与桌面接触，保证卫生。筷架有瓷制品，也有金属制品、木制品等，其形态不一。经过改良后的筷架还可放置长柄汤勺，又称为筷子公羹架。

（7）香巾碟：放置热毛巾的小碟子。香巾碟有瓷制的、水晶的、金属的、竹制的等，形态不一，造型各异。

2. 玻璃器皿

主要指酒具，包括白酒杯、葡萄酒杯、饮料杯。

3. 其他餐具

如筷子、烟缸、牙签、餐巾、台布等物品。

工作二：西餐摆台

（一）西餐餐台

西餐有长方形、正方形、U 形、马蹄形、T 形餐台等，应根据用餐形式、规格、人数等选用大小、形状不同的餐台。如 1 ～ 2 人可选用正方形餐台；3 ～ 8 人可选择大小适宜的长方形餐台；9 人可根据顾客的就餐规格、形式要求等选择适宜的不同形状的餐台。

（二）席次安排

（1）一般家庭式西餐宴会的座次安排：主人的座位应正对厅堂入口，便于其纵观全厅。长台两端分别设主人位和副主人位（女主人位），男女宾客穿插落座，夫妇穿插落座（图 2-2）。这样的席位安排只有主、客之分，没有职务之分。

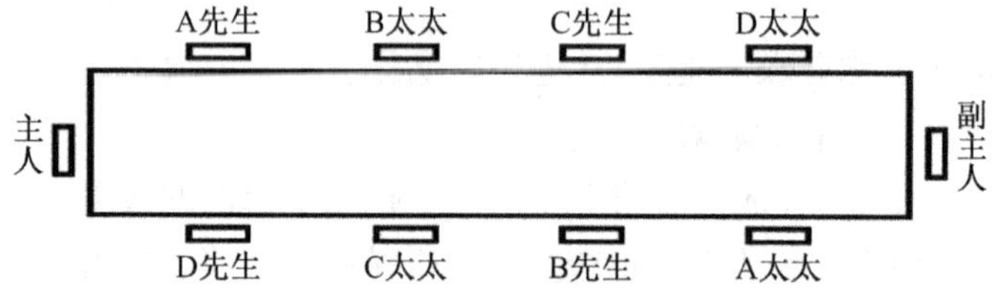

图 2-2　家庭式西餐宴会座次安排

（2）双方首要人物均带夫人参加的正式宴会：① 法式座次安排，主宾夫人坐在主人右侧，主宾坐在主人夫人右侧（图 2-3a）。② 英式座次安排，主人夫妇各坐两头。主宾夫人坐在主人右侧位，主宾坐在主人夫人右侧位，其他男女穿插依次坐中间（图 2-3b）。

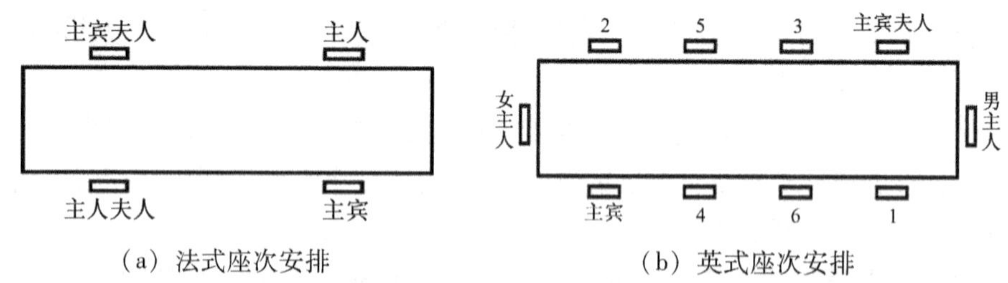

图 2-3　双方首要人物均带夫人参加的正式宴会座次安排

任务实施

工作一：中餐摆台

（一）中餐零点摆台

中餐零点摆台分早餐、午餐、晚餐摆台。

1. 摆台前的准备

（1）洗净双手。

（2）领取各类餐具、台布、桌裙等。

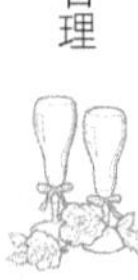

（3）用干净的布巾擦亮餐具和各种玻璃器皿，要求无任何破损、污迹、水迹、手印等。

（4）检查台布是否干净，是否有皱褶、破洞、油迹、霉迹等，不符合要求的应及时更换。

（5）折餐巾花。

2. 铺台布

（1）铺台布要求：根据餐台的大小将台布制成大于餐台直径 60 cm 的圆形台布，以台布铺于餐台上圆周下垂 30 cm 为宜。铺台布之前，将所需餐椅按就餐人数摆放于餐台的四周，使之呈三三两两的并列状（图 2-4）。根据餐厅的装饰、布局确定席位。操作时，餐厅服务员应将副主人处餐椅拉开至右侧餐椅后边，餐厅服务员站立在副主人餐椅处，距餐台约 40 cm，将选好的台布放于副主人处的餐台上。

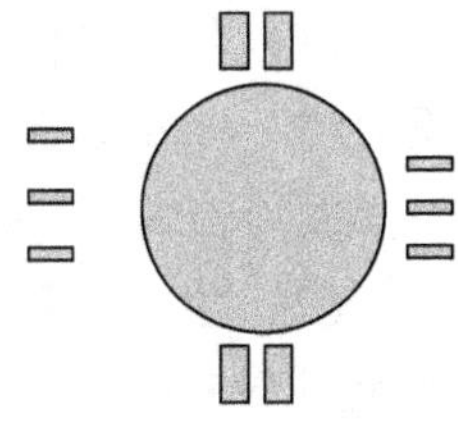

图 2-4　铺台布前餐椅摆放示意图

（2）台布种类：台布有多种规格，经常使用的有 140 cm × 140 cm，160 cm × 160 cm，180 cm × 180 cm，200 cm × 200 cm，220 cm × 220 cm，240 cm × 240 cm，260 cm × 260 cm 等规格。使用时应根据餐桌的大小选择适当规格的台布。140 cm × 140 cm 的台布适用于 90 cm × 90 cm 的方台；160 cm × 160 cm 的台布适用于 100 cm × 100 cm 或 110 cm × 110 cm 的方台；180 cm × 180 cm 的台布适用于直径 150 cm 或 160 cm 的圆台；200 cm × 200 cm 的台布适用于直径 170 cm 的圆台；220 cm × 220 cm 的台布适用于直径 180 cm 或 200 cm 的圆台；240 cm × 240 cm的台布适用于直径 220 cm 的圆台；260 cm × 260 cm 的台布适用于直径 240 cm 的圆台。

（3）中餐圆台铺台布的方法：

① 推拉式铺台：用双手将台布打开后放至餐台上，将台布贴着餐台平行推出去再拉回来。这种铺法多用于零餐餐厅或较小的餐厅，或因有顾客就座于餐台周围等候用餐时，或地方窄小的情况。

② 抖铺式铺台：用双手将台布打开，平行打折后将台布提拿在双手中，身体呈正位站立式，利用双腕的力量，将台布向前一次性抖开并平铺于餐台上。这种铺台方法适合于较宽敞的餐厅或在周围没有顾客就座的情况下进行。

③ 撒网式铺台：用双手将台布打开，平行打折，呈右脚在前、左脚在后的站立姿势，双手将打开的台布提拿起来至胸前，双臂与肩平行，上身向左转体，下肢不动，在右臂与身体回转时，台布斜着向前撒出去，将台布抛至前方时，上身转体回位并恢复至正位站立，这时台布应平铺于餐台上。抛撒时，动作应自然

潇洒。这种铺台方法多用于宽大场地或技术比赛场合。

（4）注意事项：铺台布时，台布不能接触地面，台布中间折纹的交叉点应正好在餐台的中心处，台布的正面凸缝朝上，中心线直对正、副主人席位，四角呈直线下垂状，下垂部分离地面距离相等，铺好的台布应平整无皱褶。铺好台布后，应将拉出的餐椅送回原位。

3. 摆餐具

（1）早餐摆台。中式早餐摆台比较简单，一般是将骨碟摆在座位正中，距桌边约 1 cm；汤碗或小饭碗摆在骨碟左侧；筷子装在筷套内摆在骨碟的右侧；汤勺摆在汤碗内，勺把朝向同一方向（图 2-5）。

（2）午、晚餐摆台。午、晚餐摆台与早餐摆台基本相同，只是在餐碟前面加放一个水杯，将叠好的餐巾花摆在餐碟内或插放在水杯中（图 2-6）。摆放时，要求桌面上各种餐具、用具摆放有条理，整齐、一致、美观大方。

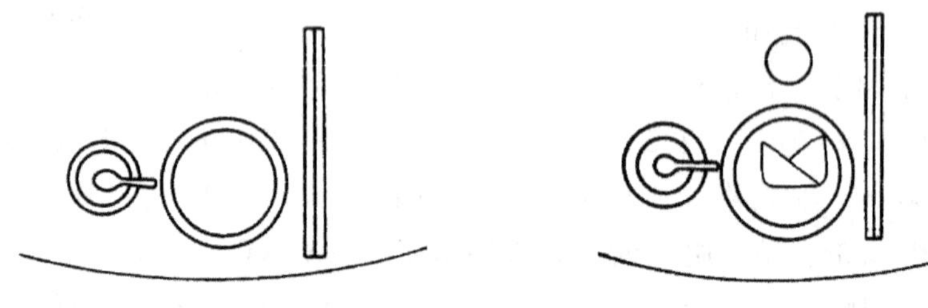

图 2-5　中餐早餐摆台　　图 2-6　中餐午、晚餐摆台

（3）粤菜零点摆台。粤菜是我国很有影响的菜系之一，全国各大城市的粤菜酒楼比比皆是。粤菜零点摆台与一般午、晚餐摆台有所不同，其摆台方法如下：骨碟摆放在座位正中，距桌边约 1 cm；筷子装在筷套内摆在骨碟右侧，骨碟左前方摆放小汤碗，小汤勺摆放其中，勺柄朝向同一方向（或左或右）；骨碟右前方摆放味碟；味碟与汤碗的上方，同时也是骨碟与转盘中心点连线上摆放水杯；筷子右边放茶盘和茶杯，杯柄朝右；餐巾花放在骨碟中（图 2-7）。

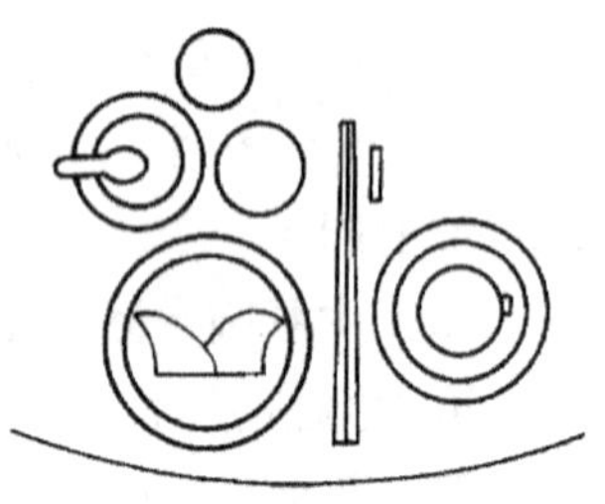

图 2-7　粤菜零点摆台

虽然国内各地区的菜系习惯各不相同，各企业的服务规范各异，摆台方法也不尽相同，但从总体上看，基本摆法是大同小异的。

（二）中餐宴会摆台

1. 摆台前的准备

与中餐零点摆台前的准备相同。

2. 铺台布、放转盘、围桌裙、配餐椅

（1）中餐宴会一般使用直径为 180 cm 的 10 人圆桌，台布选用 240 cm 的方台布或圆台布。

（2）玻璃转盘摆在桌面中央的转圈上，检查转盘能否正常工作。

（3）规格较高的宴会还要在圆桌外沿围上桌裙。

（4）按宴会出席人数配齐餐椅，以 10 人为一桌，一般餐椅放置为三三、两两，即正、副主人侧各放三张餐椅，另两侧各放两张餐椅，椅背在一条直线上。

3. 摆餐具（图 2-8）

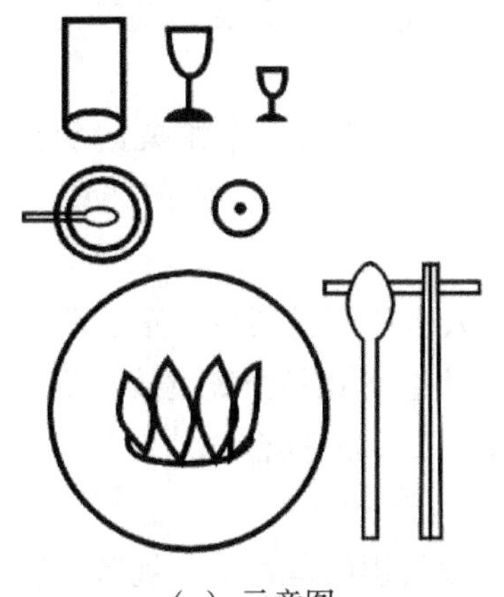

（a）示意图

（b）实物图

图 2-8　中餐宴会摆台

一律使用托盘运送餐具，左手托盘，右手拿餐具。

（1）骨碟定位：骨碟 10 个一摞放在托盘上，从主人座位处开始按顺时针方向依次摆放骨碟，要求碟边距离桌边 1.5 cm；骨碟与骨碟之间距离均等；若碟子印有店徽等图案，图案要正面示人。

（2）摆放小汤碗、小汤勺和味碟：在骨碟中心点与转盘中心点的连线两侧，左侧摆放小汤碗，汤勺摆放在汤碗中，勺柄朝左；连线右侧摆放味碟；汤碗与味碟之间相距 2 cm，横向直径在一条直线上。

（3）摆放筷架、长柄勺、筷子：在小汤碗与调味碟横向直径右侧延长线处放筷架、长柄勺、袋装牙签和筷子；勺柄与骨碟相距 3 cm，筷套离桌边1.5 cm，并与骨碟纵向直径平行，袋装牙签与长柄勺末端平齐。

（4）摆放玻璃器皿。在骨碟中心点与转盘中心点的连线上，汤碗和味碟的上方摆放葡萄酒杯；葡萄酒杯的左侧摆放饮料杯，饮料杯与汤碗之间的距离为 1.5 cm；葡萄酒杯的右侧摆放白酒杯，三杯呈一条直线并左高右低地排列，三杯之间的距离相等，为 1. 5 cm。三杯横向直径的连线与汤碗与味碟横向直径的连线平行。

(5) 摆放烟灰缸、火柴：在正、副主人杯具的右前方各摆放一只烟灰缸，其余位置可酌情摆放。烟灰缸的上端与杯具在一条直线上，烟灰缸的边缘有三个烟孔，摆放时一个朝向主人、另一个朝向主宾。也有的餐厅为每位顾客准备了烟灰缸，则依照上述方法在每个餐位摆放一只。烟灰缸的边缘摆放火柴，正面朝上。

(6) 摆餐巾花：若是选用杯花，需提前折叠放置在杯具内，需从侧面观赏的餐巾花如鸟、鱼等头部朝右摆放。注意把不同样式、不同高度的餐巾花搭配摆放，主人位上摆放有高度的花式。

(7) 摆公用餐具：在正、副主人杯具的前方，各摆放一个筷架或餐盘。将一副公用筷和汤勺摆放在上面，汤勺在外侧，筷子在内侧，勺柄和筷子尾端向右。

(8) 摆放宴会菜单、台号、座卡：一般 10 人座放两份菜单，正、副主人餐具一侧各摆放一份，菜单底部距桌边 1 cm。高级宴会可在每个餐位放一份菜单。

(9) 摆插花：转台正中摆放插花或其他装饰品，以示摆台的结束。

4. 摆台后的检查工作

摆台后再次检查台面餐具有无遗漏、破损，餐具摆放是否符合规范，餐具是否清洁光亮，餐椅是否配齐。

工作二：西餐摆台

西餐摆台也可分为零点摆台和宴会摆台两种。

(一) 西餐零点摆台

1. 摆台前准备工作

与中餐摆台前的准备工作相同。

2. 铺台布、摆餐椅

铺台布前，先在台面上放上垫布，在垫布上铺台布。

3. 摆餐具

(1) 西餐早餐摆台（图 2-9）：西餐早餐摆台一般是在咖啡厅内进行，可分为美式早餐、欧陆式早餐及零点早餐摆台等。它们的摆台方法略有差异，基本摆法如下：

图 2-9　西餐早餐摆台

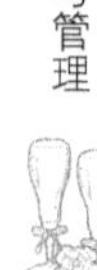

① 餐盘与刀、叉、匙：在餐椅正对处摆放直径为24 cm的餐盘，餐盘离桌沿2 cm，将折花的餐巾花摆放在餐盘上；餐盘的左侧放一把餐叉，叉面朝上，右侧放餐刀，刀口向餐盘方向，汤匙放餐刀的右侧，匙面朝上，刀叉距餐盘1.5 cm，餐刀与汤匙之间的距离也是1.5 cm，刀、叉、勺下端在一条直线上，距桌沿2 cm。

② 面包盘与黄油刀：面包盘在餐叉左侧，相距餐刀和桌沿各1.5 cm。黄油刀刀口朝左，摆放于面包盘右侧，与餐叉平行。

③ 水杯：餐刀正前方3 cm处摆放水杯。

④ 咖啡杯具：汤匙右侧摆放咖啡杯和咖啡碟，杯把和匙柄朝右。

⑤ 其他：调味盅、牙签筒、烟灰缸等摆放在餐台中心位置上。

(2) 西餐午、晚餐摆台（图2-10）：西餐午、晚餐摆台是在早餐摆台的基础上，撤去咖啡杯具而增加茶匙和甜点叉。甜点叉横放于餐盘正上方，叉柄朝左。在甜点叉的上方，与甜点叉平行摆放茶匙，匙柄朝右。

图2-10 西餐午、晚餐摆台

（二）西餐宴会摆台

与中餐宴会不同，西餐宴会一般采用长方形餐桌。摆台时要按照“一底盘、二餐具、三酒水杯、四调料用具、五艺术摆设”的程序进行（图2-11）。

1. 餐具的准备工作

西餐餐具品种较多，每上一道菜就要相应地撤去用完的那套餐具。

2. 铺台布、摆餐椅

西餐宴会一般使用数张方桌拼接而成。铺台布的顺序应由里向外铺，目的是要让每张台布的接缝朝里，避免步入餐厅的顾客看见。铺好的台布要求中线相接，成一条直线，台布两侧下垂部分美观整齐，两边均匀。

3. 摆餐具

(1) 摆餐盘：与中餐摆台一样，从主人位开始顺时针方向在每个席位正中摆放餐盘；注意摆正店徽等图案，盘边距桌沿2 cm，盘与盘之间的距离相等。

（2）摆刀叉：在餐盘的右侧从左到右依次摆放主餐刀、鱼刀、汤匙、开胃品刀；刀口朝左，匙面向上；刀柄、匙柄距桌沿 2 cm。餐盘左侧从右到左依次摆放主餐叉、鱼叉、开胃品叉，叉面朝上，叉柄距桌沿 2 cm。鱼刀、鱼叉要向前突出 4 cm。

（3）摆水果刀叉（或甜品叉）、甜品匙：在餐盘的正前方横摆甜品匙，匙柄朝右。甜品匙的前方平行摆放水果叉（或甜品叉），叉柄朝左。水果叉的前方平行摆放水果刀，刀柄朝右。

（4）摆面包盘、黄油刀和黄油盘：开胃品叉的左侧摆放面包盘；面包盘中心与餐盘中心在一条线上，盘边距开胃品叉 1.5 cm；在面包盘右侧边沿处摆放黄油刀，刀刃朝左。黄油盘摆放在黄油刀刀尖上方 3 cm 处。

（5）摆玻璃杯具：冰水杯摆放在主餐刀顶端，依次向右摆放红葡萄酒杯、白葡萄酒杯，三杯呈斜直线，与水平线呈 45°。如果有第四种杯子，则占白葡萄酒杯的位置，白葡萄酒杯顺次向后移动，杯子依然成斜直线，各杯相距 1.5 cm。

（6）摆餐巾花：将叠好的盘花摆放在餐盘正中，注意主人位上放置有高度的盘花，另外注意式样的搭配。

（7）其他：盐瓶、胡椒瓶、牙签筒按四人一套的标准摆放在餐台中线位置上。烟缸从主人右侧摆起，每两人之间放置一个，烟缸的上端与酒具在一条直线上。每桌至少摆放 2 份菜单，高级宴会可每座摆放一份。插花或烛台等装饰品摆放在长台的中线上。

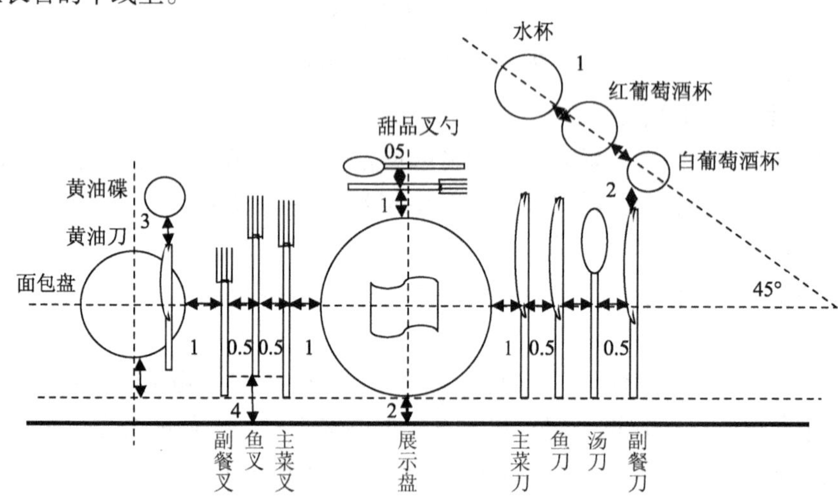

注：图中数字后的单位为 cm。

图 2-11　西餐宴会摆台

4. 摆台后的检查工作

摆台结束后要进行全面检查，发现问题及时纠正。要达到全台看上去整齐、大方、舒适的效果（图 2-12）。

图 2-12　西餐宴会摆台效果图

知识拓展

生活中应注意的餐饮礼仪

餐饮礼仪可谓源远流长。据文献记载，至少在周代，餐饮已形成一套相当完善的礼仪制度，特别是得到曾任鲁国祭酒的孔子的推崇称赞，而成为历朝历代表现大国之貌、礼仪之邦、文明之所的重要方面。

一、点菜时间

如果时间允许，应该等大多数顾客到齐之后，将菜单供顾客传阅，并请他们点菜。

点菜原则：① 看人员组成，人均一菜是较通用的规则；② 看菜肴组合，有荤有素，有冷有热，尽量做到全面。

二、吃和吃相的讲究

（1）对外宾不反复劝菜。

（2）夹菜文明，适量取菜。

（3）细嚼慢咽。

（4）若为转式餐桌，顺时针方向旋转取菜。

（5）用餐的动作要文雅，安静就餐。

（6）嘴里有东西的时候，不要和别人聊天。

三、酒桌上应注意的小细节

（1）领导相互喝完才轮到自己敬酒。敬酒一定要站起来，双手举杯。可以多人敬一人，绝不可一人敬多人。

（2）自己敬别人，如果不碰杯，自己喝多少可视情况而定；如果碰杯，一句“我喝完，你随意”方显大度。

（3）多给领导或客户添酒，不要随意给领导代酒。

（4）端起酒杯，右手握杯，左手垫杯底，自己的杯子永远低于别人。

（5）如果没有特殊人物在场，敬酒最好按时针顺序，不要厚此薄彼。

（6）碰杯、敬酒时要有说词。

（7）桌面上最好不要谈生意。

（8）遇到酒不够的情况，将酒瓶放在桌子中间，让别人自己添酒。

实战演练

分小组练习中、西餐的摆台操作。按百分制计分，要求：

（1）按中、西餐正式宴会摆台（中餐 10 人台，西餐 6 人台）。

（2）操作时间 15 min（提前完成不加分，每超过 30 s，扣总分 2 分，不足 30 s 按 30 s 计算，以此类推；超时 2 min 不予继续，未操作完毕，不计分）。

具体技能评制见表 2-4 和表 2-5。

表 2-4　中餐摆台技能评判表

项目	操作程序及标准	分值	扣分	得分
台布 （5 分）	可采用抖铺式、推拉式或撒网式铺设，要求一次完成，两次扣 0.5 分，三次及以上不得分	2		
	台布定位准确，十字居中，凸缝朝向主、副主人位，下垂均等，台面平整	3		
餐椅定位 （5 分）	从主宾位开始拉椅定位，座位中心与餐碟中心对齐，餐椅之间距离均等，餐椅座面边缘距台布下垂部分 1.5 cm	5		
餐碟定位 （10 分）	一次性定位、碟间距离均等，餐碟标志对正，相对餐碟与餐桌中心点三点一线	6		
	距桌沿约 1.5 cm	2		
	拿碟手法正确（手拿餐碟边缘部分）、卫生	2		

续表

项目	操作程序及标准	分值	扣分	得分
葡萄酒杯、白酒杯、水杯（14分）	葡萄酒杯在餐碟正上方1 cm	5		
	白酒杯摆在葡萄酒杯的右侧，水杯位于葡萄酒杯左侧，杯肚间隔1 cm，三杯成直线，与桌边切线平行	7		
	摆杯手法正确（手拿杯柄或中下部）、卫生	2		
汤碗、汤勺（3分）	汤碗摆放在骨碟左侧，与骨碟及水杯均相距1 cm,汤勺放置于汤碗中，勺把朝左，与餐碟平行	3		
筷架、筷子、长柄勺、牙签（6分）	筷架摆在餐碟右边，与三杯在一条直线上	3		
	筷子、长柄勺搁摆在筷架上，长柄勺距餐碟3 cm,筷尾距餐桌沿1.5 cm	2		
	筷套正面朝上	1		
餐巾折花（10分）	花形突出主位，符合主题、整体协调	4		
	折叠手法正确、卫生、一次性成形、花形逼真、美观大方	6		
公用餐具（3分）	公用餐具摆放在正、副主人的正上方	1		
	将筷、勺搁在公用筷架上（设两套），公用筷架与正、副主人位水杯间距1 cm，筷子末端及勺柄向右	2		
菜单、花瓶（花篮或其他装饰物）和桌号牌（4分）	花瓶（花篮或其他装饰物）摆在台面正中，造型精美、符合主题要求	2		
	牙签桶、纸巾盒摆放在正、副主人位前的转盘上，顺序一致，与桌边切线平行	2		
倒水及斟酒（10分）	依次为三位顾客斟倒酒水（主宾、主人、副主人）	3		
	酒标朝向顾客，在顾客右侧服务	2		
	斟倒酒水的量：4/5杯	2		
	斟倒酒水时每滴一滴扣1分，每溢一摊扣3分	3		
托盘（4分）	用左手胸前托法将托盘托起，托盘位置高于腰部	4		

续表

项目	操作程序及标准	分值	扣分	得分
综合印象（16分）	台面设计主题明确，布置符合主题要求	6		
	餐具颜色、规格协调统一，便于使用	3		
	整体美观，具有强烈的艺术美感	4		
	操作过程中动作规范、娴熟、敏捷、声轻，姿态优美，能体现岗位气质	3		
仪容仪表（10分）	工装、发型、淡妆、指甲	10		
合计		100		
操作时间：　分　秒　　超时：　秒　　扣分：　分				
物品落地、物品碰倒、物品遗漏　件　　扣分：　分				
实际得分				

表 2-5　西餐摆台技能评判表

项目	操作程序及标准	分值	得分
台布（5分）	台布中凸线向上，两块台布中凸线对齐	1	
	两块台布面重叠 5 cm	1	
	主人位方向台布交叠在副主人位方向台布上	1	
	台布四边下垂均等	1	
	铺设操作最多四次整理成形	1	
席椅定位（3.6分）	摆设操作从席椅正后方进行	0.6（每把0.1）	
	从主人位开始按顺时针方向摆设	0.6（每把0.1）	
	席椅之间距离基本相等	0.6（每把0.1）	
	相对席椅的椅背中心对准	0.6（每把0.1）	
	席椅边沿与下垂台布相距 1 cm	1.2（每把0.2）	
装饰盘（7.5分）	从主人位开始顺时针方向摆设	1.5（每个0.25）	
	盘边距离桌边 1 cm	1.5（每个0.25）	
	装饰盘中心与餐位中心对准	1.5（每个0.25）	
	盘与盘之间距离均等	1.5（每个0.25）	
	手持盘沿右侧操作	1.5（每个0.25）	

续表

项目	操作程序及标准	分值	得分
刀、叉、勺（10.8分）	刀、勺、叉由内向外摆放，距桌边距离符合标准（标准见本表“备注”）	5.4（每件0.1）	
	刀、勺、叉之间及与其他餐具间距离符合标准（标准见本表“备注”）	5.4（每件0.1）	
面包盘、黄油刀、黄油碟（4.8分）	摆放顺序：面包盘、黄油刀、黄油盘	1.8（每件0.1）	
	面包盘盘边距开胃品叉1 cm	0.6（每件0.1）	
	面包盘中心与装饰盘中心对齐	0.6（每件0.1）	
	黄油刀置于面包盘右侧边沿1/3处	0.6（每件0.1）	
	黄油碟摆放在黄油刀刀尖正上方，相距3 cm	0.6（每件0.1）	
	黄油碟左侧边沿与面包盘中心成直线	0.6（每件0.1）	
杯具（10.8分）	摆放顺序：白葡萄酒杯、红葡萄酒杯、水杯（白葡萄酒杯摆在开胃品刀的正上方，杯底中心在开胃品刀的中心线上，杯底距开胃品刀刀尖2 cm）	1.8（每个0.1）	
	三杯成斜直线，向右与水平线呈45°	6（每组1）	
	各杯身之间相距约1 cm	1.2（每个0.1）	
	操作时手持杯中下部或颈部	1.8（每个0.1）	
花瓶（花坛或其他装饰物）（2分）	花瓶（花坛或其他装饰物）置于餐桌中央和台布中线上	1	
	花瓶（花坛或其他装饰物）的高度不超过30 cm	1	
烛台（2分）	烛台与花瓶（花坛或其他装饰物）相距20 cm	1（每座0.5）	
	烛台底座中心压台布中凸线	0.5（每座0.25）	
	两个烛台方向一致，并与杯具所呈直线平行	0.5（每座0.25）	
牙签盅（1.5分）	牙签盅与烛台相距10 cm	1（每个0.5）	
	牙签盅中心压在台布中凸线上	0.5（每个0.25）	
椒盐瓶（3分）	椒盐瓶与牙签盅相距2 cm	1（每组0.5）	
	椒盐瓶两瓶间距1 cm，左椒右盐	1（每组0.5）	
	椒盐瓶间距中心对准台布中凸线	1（每组0.5）	

续表

项目	操作程序及标准	分值	得分
餐巾盘花（4分）	在装饰盘上褶，在盘中摆放一致，左、右成一条直线	2	
	造型美观、大小一致，突出正、副主人	2	
倒水及斟酒（9分）	为三位客人斟倒酒水（其中餐台长边2人，短边1人）	1	
	口布包瓶，酒标朝向客人，在客人右侧服务	2	
	倒水及斟酒的顺序为水、白葡萄酒、红葡萄酒	2	
	斟倒酒水的量：水4/5杯、白葡萄酒2/3杯、红葡萄酒1/2杯	3	
	斟倒酒水时每滴一滴扣1分，每溢一摊扣3分	1	
托盘使用（3分）	餐件和餐具分类按序摆放，符合科学操作	2	
	杯具在托盘中杯口朝上	1	
综合印象（13分）	台席中心美化新颖、主题灵活	4	
	布件颜色协调、美观	3	
	整体设计高雅、华贵	3	
	操作过程中动作规范、娴熟、敏捷、声轻，姿态优美，能体现岗位气质	3	
合计		80	
仪容仪表		10	
英语得分		10	
操作时间：　　分　　秒　　超时：　　秒		扣分	
物品落地：　　件、物品碰倒：　　件、物品遗漏：　　件		扣分	
在餐椅内测操作：　　次、逆时针操作：　　次		扣分	
最后得分			

备注：1. 装饰盘；2. 主菜刀（肉排刀）；3. 鱼刀；4. 汤勺；5. 开胃品刀；6. 主菜叉（肉叉）；7. 鱼叉；8. 开胃品叉；9. 黄油刀；10. 面包盘；11. 黄油碟；12. 甜品叉；13. 甜品勺；14. 白葡萄酒杯；15. 红葡萄酒杯；16. 水杯。

各餐具之间的距离标准：①1，2，4，5，6，8与桌边沿距离为1 cm；②1与2，1与6，8与10，1与12之间的距离为1 cm；③9与11之间的距离为3 cm；④3，7与桌边的距离为5 cm；⑤6，7，8之间，2，3，4，5之间，12与13之间的距离为0.5 cm；⑥14，15，16杯肚之间的距离为1 cm。

第三篇 餐中对客服务

任务一 酒水服务

学习目标

知识目标：能礼貌地为顾客介绍酒店的酒水品种。

技能目标：能规范地为顾客提供酒水服务。

学习重点、难点

重点：酒水服务。

难点：酒水斟倒服务。

案例导入

一天，在某小城一个经营洋酒的酒吧里，来了一位外地客人。服务员小王热情有礼地迎接客人就座。客人刚一坐下，就说道："来一杯白兰地。"小王一楞，想都没想，就回答："对不起，我们没有白兰地。"客人指着吧台生气地说："你们吧台上有这么多人头马、轩尼诗的白兰地酒，为何说没有？是不是欺负我是外地人，还是怕我喝不起？"

小王恍然大悟：原来，这么熟悉的人头马、轩尼诗是白兰地呀！小王连忙向客人解释。客人听后哑然失笑，尽管平息了怒火，但却对酒吧的专业性产生了怀疑，于是转身离开。

[**评析**] 酒水服务是餐饮服务中很重要的一个组成部分，作为服务员要对餐厅酒单上的酒水非常熟悉，同时要了解和掌握酒水服务的程序和要求。

任务布置

白酒服务。

相关知识

酒是一种用粮食、果品等含淀粉或糖的物质经发酵、蒸馏而成的含酒精（乙醇）的刺激性饮料。我国有着悠久的酿酒历史，远在5000多年前的龙山文化时期，我国劳动人民就掌握了酿酒技术。按照不同的分类方法，中国酒可分为多个种类。

1. 按酿酒方法分类

酒的生产方法通常有发酵、蒸馏、配制3种，生产出来的酒也分别被称为发酵酒、蒸馏酒和配制酒。

（1）发酵酒：将酿造材料（通常是谷物或水果）直接放入容器中，加入酵母菌进行发酵酿制而成的含有乙醇的饮料，如葡萄酒、啤酒、米酒、黄酒等。

（2）蒸馏酒：又称烈酒，是将经过发酵处理的发酵酒加以蒸馏提纯，然后经过冷凝处理而获得的含有较高乙醇浓度的液体，如白酒等。

（3）配制酒：配制酒的方法很多，常用的有浸泡、混合、勾兑等。浸泡多用于药酒，就是按配方在酒液里加入不同的植物或动物，如人参酒等。混合制法是在酒液中加入果汁、蜜糖、牛奶或其他液体混合制酒。勾兑也是一种酿酒工艺，通常可以将两种或数种酒兑和在一起，形成一种新的口味或者得到色、香、味更加理想的酒品。

2. 按酒精含量分类

（1）高度酒：通过蒸馏获得的且酒精含量在40°以上的烈性酒。酒度在40°以上的茅台、五粮液、汾酒、洋河大曲，以及国外的伏特加等均属于此类。

（2）中度酒：酒度为20°～40°的竹叶青、米酒、黄酒等属于此类。

（3）低度酒：酒度在20°以下，常见的有葡萄酒、桂花陈酒和低度药酒等。

3. 按配餐方式分类

（1）餐前酒：也称开胃酒，是指在餐前饮用的，饮用后能刺激人的胃口，使人增加食欲的酒品。开胃酒通常用药材浸制而成。

（2）佐餐酒：即葡萄酒（Wine），是西餐配餐的主要酒类。欧洲人的传统就

餐习俗讲究只饮葡萄酒配餐而不饮其他酒水。佐餐酒是用新鲜的葡萄汁发酵制成，含有乙醇、天然色素、脂肪、维生素、碳水化合物、矿物质、酸和单宁酸等营养成分，对人体非常有益。佐餐酒包括红葡萄酒、白葡萄酒、玫瑰红葡萄酒和汽酒。

（3）甜食酒：在西餐就餐过程中佐助甜食时饮用的酒品，口味较甜，常以葡萄酒为基酒加葡萄蒸馏酒配制而成。常用的甜食酒有波特酒、雪利酒等。

（4）餐后酒：即利口酒，是供餐后饮用且含糖分较多的酒类，饮用后有帮助消化的作用，是以蒸馏酒或食用乙醇为原料，加入各种配料（果料或植物）和糖蜜酿制而成的。这类酒有多种口味，原材料有果料类、植物类和其他类三种类型。果料类包括水果、果仁、果籽等；植物类包括药草、茎叶类植物、香料植物等；其他类包括蜂蜜、奶、鸡蛋等。

一、中国白酒

1. 中国白酒的香型及其风味特点

（1）酱香型酒：所谓酱香，就是有一股类似豆类发酵时发出的酱香味。这种酒的特征是酱香突出，幽雅细腻，酒体丰富醇厚，回味悠长，香而不艳，低而不淡。茅台酒就属此类酒的典型代表，且具有隔夜留香、饮后空杯香犹存的特点。

（2）浓香型酒：主要特征是窖香浓郁，绵甜甘洌，香味协调，尾净余长。这种香型酒在市面上较多，很受消费者喜爱，泸州特曲、五粮液属此类之代表，贵阳大曲、习水大曲及江苏地方的三沟一河等也属于此类。

（3）清香型酒：这种香型的酒以乙酸乙酯和乳酸乙酯两者的结合为主体香。它的主要特征是清香醇正，诸味协调，醇甜柔和，余味爽净，甘润爽口，具有传统的老白干风格。山西杏花村汾酒、河南宝丰酒是这类香型酒的代表，其他如特制黄鹤楼酒也是清香型酒。

（4）米香型酒：如桂林三花酒、西江贡、全州湘山酒、广东长乐烧等属于此类白酒，以清、甜、爽、净见长，其主要特征是蜜香清雅，入口柔绵，落口爽洌，回味怡畅。米香型酒散发的香味有点像黄酒酿与乳酸乙酯混合组成的蜜香。

（5）其他香型酒：不属以上四种香型而又没有给定香型名称的白酒，暂时统划为此类。如董酒（药香型）、平坝窖酒、匀酒、朱昌窖酒及白云边、白沙液等都属于其他香型酒，它们都有各自的特殊香味和特殊风格。

2. 白酒质量的感官鉴定

人们在饮酒时很重视白酒的香气和滋味，目前对白酒质量的品评多是以感官指标为主，即从色、香、味、酒体等几个方面来进行鉴别。

（1）色泽与透明度鉴别。白酒的正常色泽应是无色、透明、无悬浮物和沉淀物，这是衡量酒质是否纯净的一项重要指标。将白酒注入杯中，杯壁上不得出现环状不溶物；将酒瓶突然颠倒过来，在强光下观察酒体，不得有浑浊、悬浮物和沉淀物。冬季如白酒中有沉淀物，可用水浴加热到 30 ～ 40 ℃，如沉淀消失则视为正常。发酵期较长和贮存时间较长的白酒，往往呈现为极浅的淡黄色，如茅台酒，这是允许的。

（2）香气鉴别。对白酒的香气进行感官鉴别时，最好使用大肚小口的玻璃杯，将白酒注入杯中并稍加摇晃，立即用鼻子在杯口附近仔细嗅闻其香气；或倒几滴白酒于手掌上，稍搓几下，再嗅手掌，即可鉴别出酒香的浓淡程度和香型是否正常。在对白酒进行品味的过程中，将香气分作三个阶段：① 溢香，系指白酒中的芳香物质溢散于杯口附近，用鼻子在杯口附近就可以直接嗅闻到的酒香气，也称闻香；② 喷香，系指酒液入口，香气就充满口腔；③ 留香，系指酒已咽下，而口中仍留有酒的香气。一般的白酒都会具有一定的溢香，但很少有喷香和留香。只有优质酒，才能在溢香之外，拥有较好的喷香和留香，比如五粮液，就是以喷香著称的；而茅台酒则是以留香而闻名。白酒不应该有异味，诸如焦糊味、腐臭味、泥土味、糖味、糟味等不良气味均不应存在。

（3）滋味鉴别，白酒的滋味有浓厚和淡薄、绵软和辛辣、纯净和邪味之分；酒咽下后，又有回甜和苦辣之别。白酒的滋味应为醇厚无异味，无强烈的刺激性，不辛辣呛喉，各味协调。好的白酒还要求滋味醇香、浓厚、味长、甘洌、回甜，入口有愉快舒适的感觉。饮入口中的白酒，应于舌头及喉部细品，以鉴别酒味的醇厚程度和滋味的优劣。

综上所述，白酒总的感官特点应是酒液清澈透明，质地纯净，芳香浓郁，回味悠长，余香不尽。

中国白酒中的十大名酒分别是茅台酒、五粮液、洋河大曲、泸州老窖、汾酒、郎酒、古井贡酒、西凤酒、董酒、剑南春。

3. 白酒的保管

瓶装白酒应选择保管在较为干燥、清洁、光亮和通风较好的地方，相对环境湿度在 70% 左右为宜，湿度过高则瓶盖易霉烂。贮存白酒的环境温度不宜超过 30℃，严禁靠近烟火。容器封口要严密，防止漏酒和“跑度”。

二、中国黄酒

黄酒是我国生产历史悠久的传统酒品，因其颜色黄亮而得名。黄酒以糯米、

黍米和大米为原料，经酒药、麵曲发酵压榨而成。黄酒酒性醇和，适于长期贮存，有越陈越香的特点，属低度发酵的原汁酒。酒度一般在8°～20°。黄酒的特点是酒质醇厚幽香，味感谐和鲜美，有一定的营养价值。黄酒除饮用外，还可作为中药的“药引子”。在烹饪菜肴时，它又是一种调料，对于鱼、肉等荤腥菜肴有去腥提味的作用。黄酒是我国南方和一些亚洲国家人民喜爱的酒品。

成品黄酒用煎煮法灭菌后，用陶坛盛装封口。酒液在陶坛中越陈越香，故又称为老酒。

1. 黄酒代表酒种

（1）绍兴黄酒：我国最著名的、最古老的黄酒品种，因产于浙江绍兴而得名。绍兴黄酒主要有“古越龙山”“沈永和”“鉴湖”三大品牌。主导产品有元红酒，俗称状元红，干型，酒液呈琥珀色，透明发亮，具有独特的芳香，酒精度为16°左右；加饭酒，绍兴酒中的上品，半干型，是我国黄酒出口量最大的名酒，酒色深黄带红，酒质透明晶莹，酒香突出，芬芳浓郁，微鲜带甜，色、香、味俱佳，酒度为18°左右；善酿酒，半甜型，绍兴酒之佳品，酒色深黄，甜味适宜，酒质醇厚，酒度为13°～14°。此外，绍兴酒还有花雕酒、香雪酒、鲜酿酒、竹叶青、女儿红和各种花色酒品。

（2）山东即墨黄酒：又称墨老酒，是北方黍米黄酒的典型代表，也是北方产销量最大的黄酒。旗下的著名品牌是“即墨牌”。

（3）福州红曲黄酒：用红曲酿造的黄酒，在东南沿海地区久负盛名。红曲黄酒呈黄褐色，酒香浓郁，口味醇和，甜度爽适，余味绵长，是一种半甜型黄酒，酒度为14°～17°。

我国其他著名的黄酒还有很多，诸如丹阳封缸酒、福安蜜沉沉、东江糯米酒等。

2. 黄酒的保管

黄酒在生产方法上采用压榨法，虽经过澄清，但在保管中仍可出现少量微粒，久放后沉于底部，称其为“酒脚”。酒脚是黄酒的一种自然现象，并非变质引起的沉淀，不妨碍饮用，但其外观浑浊，容易使顾客感觉黄酒可能变质。所以，在零售中，要防止酒脚上浮；销售时切勿振荡酒坛或酒瓶；新到的黄酒要静置一两天，待其酒脚下沉后再出售；若酒脚多时，可用纱布过滤，黄酒澄清后，再销售。黄酒由于酒精含量不高，容易引起杂菌感染而造成酸败，所以零售黄酒时要注意保证卫生条件。夏季销售黄酒，可在泥头凿一小孔，插入干净的玻璃管，用虹吸方法取酒，这样可以防止空气直接与黄酒接触，避免杂菌侵入，减少黄酒酸败变质。另外，要注意存放的温度，不要把黄酒放在温度过高或过低的地方，适宜温度是25℃以下，但不要低于 -5 ℃，以防止其结冰。

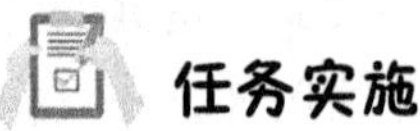

任务实施

一、实训前

检查仪容仪表。

二、准备工作

（1）当宾客点要白酒后，服务员应立即去吧台取酒。
（2）酒水取回后放在工作台上，并仔细检查酒水质量。
（3）如酒水质量没有问题，则将酒瓶擦干净。
（4）准备一条洁净的餐巾作为服务巾使用。

三、示酒

（1）服务员要站在点酒宾客的右侧。

（2）左手托瓶底，右手扶瓶颈，酒标朝向宾客（或托在盘中），酒瓶呈45°倾斜，让宾客辨认商标、品种。

四、开瓶

（1）待宾客确认酒品并同意开瓶后，在宾客面前当众把白酒打开。
（2）用干净的餐巾擦拭瓶口部位，做好斟酒准备。

五、斟倒

（1）斟酒时，服务员站在宾客的右后侧，面向宾客，将右臂伸出进行斟倒；身体不要贴靠宾客，要把握好距离，以方便斟倒为宜；身微前倾，右脚伸入两椅之间，是最佳的斟酒位置；瓶口与杯沿应保持一定的距离，以 1 ～ 2 cm 为宜，千万不可将瓶口搁在杯沿上或采取高溅注酒的方法。

（2）斟酒者每斟一杯酒，都应更换一下位置，站到下一位宾客的右侧。左右开弓、探身对面、手臂横越宾客的视线等，均是忌讳和不礼貌的做法。

（3）斟酒顺序：中餐斟酒通常在宴会开始前 10 min 斟好酒，先餐前酒后烈酒，先高度后低度，先主后宾，依次顺时针方向斟酒。

（4）斟酒量：中餐在斟倒各种酒水时，一律以八分满为佳，以示对宾客的尊重。

六、续添

服务员应时时留意宾客的酒杯。当杯中酒量少于1/3时，服务员应征得宾客同意后马上给宾客续酒。

七、斟酒注意事项

(1) 斟酒时瓶口不可搭在酒杯口上，以相距2 cm为宜，以免将杯口碰破或将酒杯碰倒。但也不要将瓶拿得太高，否则酒水容易溅出杯外。

(2) 服务员要将酒缓缓倒入杯中，当斟至酒量适度时停一下，并旋转瓶身，抬起瓶口，使最后一部分酒随着瓶身的转动均匀地分布在瓶口边沿上，以防酒水滴洒在台布上或宾客身上。也可在每斟一杯酒后，即用左手所持的餐巾把残留在瓶口的酒液擦掉。

(3) 斟酒时，要随时注意瓶内酒量的变化情况，用适当的倾斜度控制酒液的流出速度。瓶内酒量越少，流速越快，而酒流速过快容易冲出杯外。

(4) 斟啤酒时，由于泡沫较多，极易沿杯壁溢出杯外。因此，斟啤酒速度要慢些，可分两次斟或使啤酒沿着杯的内壁流入杯内。

(5) 在斟软饮料前，要按宴会所备品种放入托盘，请宾客选择，待宾客选定后再斟倒。

(6) 在宴会进行中，通常宾主都要讲话（祝酒词、答谢词等），讲话结束后，双方都要举杯祝酒，所以，在讲话开始前要将其酒水斟齐，以免祝酒时杯中无酒。

(7) 讲话结束后，负责主桌的服务员要将讲话者的酒水送上供祝酒之用。当讲话者要走下讲台向各桌宾客敬酒时，要有服务员托着酒瓶跟在讲话者的身后，随时准备为其及时续添酒水。

(8) 宾主讲话时，服务员要停止一切操作，站在合适的位置（一般站立在边台两侧）。因此，每位服务员都应事先了解宾主讲话时间的长短，以便能在讲话开始时将服务操作暂停下来。

知识拓展

一、外国酒

外国酒历史悠久，品种繁多，著名的产酒国有法国、英国、意大利、德国、瑞士、奥地利、希腊、西班牙、葡萄牙、匈牙利、波兰、俄罗斯、智利、美国、澳大利亚等。外国酒主要包括蒸馏酒、酿造酒、配制酒。

（一）蒸馏酒

蒸馏酒是指原料经发酵后用蒸馏法制成的酒。这类酒的酒精含量很高，一般在40°以上，所以又被称为烈酒。在国外常见的烈酒通常被分为六大类：金酒、威士忌、白兰地、伏特加、朗姆酒和龙舌兰酒。其实无论是哪一种烈酒，都有其对应的庞大的消费市场。

1. 金酒

金酒又名杜松子酒，最先由荷兰生产，在英国大量生产后闻名于世，是世界第一大类的烈酒。

金酒有许多称呼：中国香港、广东地区称之为毡酒；中国台北称之为琴酒，又因其含有特殊的杜松子味道，所以又被称为杜松子酒。

据说金酒诞生于17世纪中叶，由荷兰莱顿大学的医学教授西尔维斯首创。最初它是作为利尿、清热的药剂使用，不久人们发现这种利尿剂香气和谐、口味协调、醇和温雅、酒体洁净，具有净、爽的自然风格，很快就被人们作为正式的酒精饮料饮用。金酒的怡人香气主要来自具有利尿作用的杜松子。

金酒不用陈酿，但有的厂家将原酒放到橡木桶中陈酿，从而使酒液略带金黄色。金酒的酒度一般在35°～55°，酒度越高，其质量就越好。比较著名的有荷式金酒、英式金酒和美国金酒。

2. 威士忌

威士忌（Whisky）起源于爱尔兰，但最负盛名的却是苏格兰威士忌。威士忌被英国人称为“生命之水”。威士忌是以大麦、黑麦、燕麦、小麦、玉米等谷物为原料，经发酵、蒸馏后放进旧橡木桶中醇化而酿成的高酒精度酒。世界上许多国家和地区都有生产威士忌的酒厂，但最著名且最有代表性的威士忌分别是苏格兰威士忌、爱尔兰威士忌、美国威士忌和加拿大威士忌四大类。

3. 白兰地

白兰地是指以葡萄为原料，经发酵、蒸馏而成的烈性酒。它要在橡木桶内陈酿一定的年份，再由有经验的勾兑师把不同酒龄和来源的多种白兰地掺兑而成。世界著名的白兰地生产地在法国，而法国白兰地酒又以科涅克（Cognac）最为有名，被称为“白兰地酒之王”。科涅克的名品有如下几种：

（1）马爹利（Martell）：一个厂商的名字。马爹利酿酒公司创建于1715年，至今已有近300年的历史，其产品一直处于该地区的领先地位，至今畅销世界各地。马爹利的特点是口味轻淡，稍带辣味，入口后葡萄香味绵长难忘，三星马爹利是其典型代表。

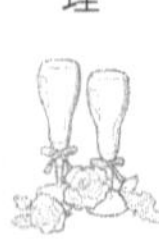

（2）轩尼诗（Hennessy）：一个厂商的名字。轩尼诗公司创建于 1765 年，是专门调配勾兑优良科涅克的公司，其产品有独特的风格，即把成熟后的白兰地酒装进新制成的橡木桶中，充分吸收新桶木材的味道后，再装进旧桶陈酿。轩尼诗的标志是酒标上印着手持武器的人的手臂图案，拿破仑是轩尼诗中最高雅的酒品。

（3）人头马：一个厂商的名字。该公司创建于 1742 年，生产的人头马 V. S. O. P 产品最多，是把陈酿七年以上的白兰地酒进行调配，再装在白色橡木桶内储存近一年，待产生香味后再每年调配一次，依然放进旧木桶中，等到五年后再装进瓶中。人头马是酒中精品，具有高贵的气质。路易十三是用陈酿 20 年以上的原酒调配出来的人头马，其华丽的酒瓶设计颇受收藏者的青睐。

4. 伏特加

伏特加是俄罗斯和波兰的国酒，是北欧寒冷国家十分流行的烈性饮料。“伏特加”是俄罗斯人对“水”的昵称。

伏特加是以多种谷物（马铃薯、玉米）为原料，经过重复蒸馏、精炼过滤，除去酒精中所含毒素和其他异物的一种纯净的高酒精浓度饮料。伏特加无色无味，没有明显的特性，但很提神。伏特加酒口味烈，劲大刺鼻，除了可与软饮料混合使之变得柔和、与烈性酒混合使之变得更烈之外，别无他用。但由于酒中所含杂质极少、口感纯净，并且可以以任何浓度与其他饮料混合饮用，所以经常用作鸡尾酒的基酒，酒度一般在 40°～50°。

5. 朗姆酒

朗姆酒（Rum），又有人把它译成兰姆酒或罗姆酒，是采用甘蔗汁或糖浆发酵而成的。

朗姆酒的原产地是加勒比海地区的西印度群岛，但甘蔗最初并不产于此地，甘蔗的原产地是印度，后逐渐流传到西班牙。15 世纪后期，随着哥伦布发现新大陆，甘蔗被从西班牙带到了西印度群岛，这里的热带气候很快就使西印度群岛变成了“甘蔗王国”。17 世纪初，在巴巴多斯岛（Barbados），一位精通蒸馏技术的英国移民面对茂盛的甘蔗园，潜心钻研，终于成功地制造出了朗姆酒。对于这种酒被称为“Rum”的原因众说纷纭，没有定论，比较多的说法是拉丁语中糖（Saccharum）的缩写，此外还有两种说法比较常见。一种说法是，刚被研究成功的朗姆酒十分强烈，使得初喝此酒的当地土著居民一个个喝得大醉，十分兴奋，而“兴奋”一词当时在英语里为“Rumbullion”，于是他们便把词首用来命名这种新酒，把它称为“Rum”。另一种说法是，朗姆酒起源于英国海军，1745 年，英国海军上将温农（Vernon）发现许多士兵患了坏血病（维生素 C 缺乏症的旧称），因此命令他们停止喝啤酒，而喝西印度群岛的一种由甘蔗制成的酒。凑巧把坏血病治好了，这些士兵为了感谢和纪念他，就把这种酒称为 Rum，因为在当时，英格兰人形容好人、好事经常用“Rum”这个词。

6. *龙舌兰酒*

特基拉酒产于墨西哥的特基拉小镇，它是以龙舌兰植物为原料制成的蒸馏酒，故又称龙舌兰酒。特基拉酒的酒液无色透明或呈橡木色，香气奇异，口味凶烈，这种酒不需陈酿。特基拉酒是作为鸡尾酒的基酒而著称于世的，用它调制的鸡尾酒，如特基拉日出（Tequila Sunrise）、玛格丽特（Margarita）等深受人们的欢迎。

（二）酿造酒

1. *葡萄酒*

葡萄酒的历史已经有 6 000 年，在我国已有 2 000 多年的历史。葡萄酒是以葡萄为原料，经榨汁发酵酿制而成的原汁酒，酒精含量在 9. 5°～13°。葡萄酒以体态完美、色泽鲜艳、气味馨香、滋味醇和怡人、营养丰富、保健作用显著而受到人们的青睐。世界上主要的葡萄酒生产国有法国、意大利、西班牙、德国、葡萄牙、美国、澳大利亚、智利、新西兰等。全世界葡萄的种类有几千种，但可以用来酿制葡萄酒的葡萄只有 50 多种，主要有白葡萄（绿皮）和黑葡萄（黑皮、红皮、紫皮）两大类。酿酒学家认为，影响葡萄酒质量的因素有土壤、气候、葡萄品种和人四个，其中最为重要的是葡萄品种，其次是土壤。葡萄酒的种类很多，具体分法有以下几种：

（1）按酒的颜色可分为红葡萄酒、白葡萄酒和玫瑰葡萄酒。红葡萄酒是用紫葡萄连皮一起压榨取汁，经过自然发酵，贮存 4 ～ 10 年而成的。红葡萄酒发酵时间长，葡萄皮中的色素在发酵中融入酒里，使酒色呈红色。红葡萄酒在品味上分强烈、味浓和清淡三种，一般在室温下饮用。白葡萄酒是用青葡萄或紫葡萄去籽去皮后再压榨取汁，经过自然发酵（时间较短），一般贮存 2 ～5 年即可饮用。白葡萄酒清亮晶莹，微酸爽口，果香芬芳，幽雅细腻，适宜与颜色浅、口味淡的鱼虾和海鲜配饮。玫瑰葡萄酒是将紫皮葡萄连皮发酵、中期去皮，或是将青、紫两种葡萄一起带皮发酵而酿成的。玫瑰葡萄酒一般陈酿 2 ～ 3 年即可饮用，适宜配肉类菜肴。

（2）按葡萄酒的含糖量可分为以下 4 种：

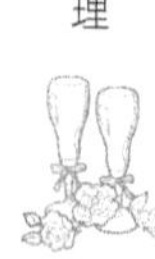

① 干型葡萄酒，酒中含糖量在0.5%以下，口感酸而不甜。

② 半干型葡萄酒，含糖量在0.5%～1.2%，口感有微弱的甜味。

③ 半甜型葡萄酒，含糖量在1.2%～5%，口感很甜。

④ 甜型葡萄酒，含糖量在5%以上，口感很甜。

（3）按含气状态可分为静态葡萄酒和起泡葡萄酒。起泡葡萄酒是以葡萄为原料，通过香槟法工艺配制而成的含有二氧化碳气体的葡萄酒。该类酒的典型代表是香槟酒，它是以产地得名的高起泡葡萄酒。法国政府立法规定：只有产于大香槟区的起泡葡萄酒才能称为香槟，其余的只能称为起泡葡萄酒。“香槟”一词为快乐、欢庆、成功的同义语，同时它带有奢侈、诱人和浪漫的色彩，是世界上最有魅力的葡萄酒。香槟酒呈黄绿色，光亮剔透，口味醇美，清香纯正，果香重于酒香，给人以高雅的美感，酒度为11°，可在任何场所搭配任何食物同用。香槟应在低温下饮用，这样既可保留气体，又能增加清凉爽口的感觉。

2. 啤酒

啤酒是以大麦为原料，加入玉米、大米、小米、小麦、燕麦及啤酒花等酿制而成的。啤酒无色素，无防腐剂，营养丰富，含多种维生素、蛋白质、氨基酸及矿物质，易被人体吸收，能降暑热、解渴，是一种受欢迎的酒精饮料。啤酒的主要生产国有美国、德国、英国、荷兰、比利时、捷克、斯洛伐克和中国。

啤酒花又称蛇麻花，是一种生产啤酒的重要辅料，其作用如下：① 使啤酒具有特殊的香味和苦味。② 增加啤酒泡沫的稳定性和持久性。③ 抑制细菌的繁殖，延长啤酒保质期。④ 具有健胃、利尿、镇静等医疗效果。

（1）啤酒的酒度：啤酒商标上的度不是指酒精含量，而是发酵时原料中麦芽糖的含量。一般麦芽糖含量越高，酒精含量就越高。根据麦芽糖含量，啤酒可分为以下三类：① 低浓度啤酒，麦芽糖含量为7%～8%，酒精含量为2°左右。② 中浓度啤酒，麦芽糖含量为11%～12%，其中以12%最为普遍，酒精含量为3.5°左右，我国啤酒大多为此类。③ 高浓度啤酒，麦芽糖含量为14%～20%，酒精含量为5°左右。

（2）啤酒的分类：按啤酒是否经过杀菌，分为以下几种类型：

① 生啤酒：又称鲜啤或扎啤、散装啤酒，是指在生产中未经杀灭酵母菌过程的啤酒，保持了啤酒原有的风味，但保存期只有3～7天。生啤酒口味鲜美，有较高的营养价值，但酒龄短，适于当地销售。生啤酒销售时一般要降温，且加入二氧化碳。

② 熟啤酒：即瓶装或罐装啤酒，是指经过杀菌的啤酒，可防止酵母菌继续发酵，保存期达 40 ～ 120 天。熟啤酒酒龄长、稳定性强，适于远销，但口味稍差。

（3）啤酒服务：

① 啤酒的最佳饮用温度为 6 ～ 10 ℃，饮用前需冰镇或放置在冰箱中冷藏。

② 将啤酒杯清洗干净，手指切勿接触酒杯内壁。

③ 啤酒一般采用捧斟法，即左手拿起酒杯微倾，右手持瓶顺杯壁注入 2/3 左右的无沫酒液，再将酒杯放正，抬高瓶口，在酒液的冲击下产生泡沫；也可将酒杯放在桌上，采用点斟法斟倒，使酒液流束缓慢沿杯壁而下，注意瓶口不要碰杯口。

④ 啤酒不可添杯，即杯中的啤酒未喝完时不要添加酒液，这样会影响啤酒应有的味道。

（三）配制酒

配制酒是以原汁酒或蒸馏酒与非酒精物质进行勾兑、混合而制成的。配制酒的名品多来自欧洲，其中以法国、意大利、荷兰等国家最为有名。目前较为流行的配制酒分类法是把配制酒分为以下三大类：

1. 开胃酒

开胃酒是指以葡萄酒或某些蒸馏酒为基酒调配的具有开胃等功能的酒精饮料。开胃酒大致可分为味美思酒、苦味酒和茴香酒三类。

（1）味美思酒

味美思酒（Vermouth）译为苦艾酒，以意大利生产的甜型酒最为著名，法国生产的干型酒最为出众。味思美酒是以白葡萄酒为基酒，并加入苦艾、金鸡纳树皮、龙胆、豆蔻、陈橘皮、杜松子等几十种香料浸制而成的。

（2）苦味酒

苦味酒（Bitter）又译为比特酒、必达士，主要产自意大利、法国、荷兰、英国等。苦味酒是以葡萄酒和食用酒精作基酒，加入带苦味的植物根茎和药材提取的香精配制而成的。该酒的特点是苦味突出，悠香浓郁，有助消化、滋补和引起兴奋的作用，酒度在 16°～ 40°。

（3）茴香酒

茴香酒（Anises）是以蒸馏酒或食用酒精加茴香油等香料制成的酒，酒液光泽度较好，香味甚浓，馥郁迷人，口感不同寻常，味重而刺激，饮用时需加冰或兑水，酒度在 25°左右。茴香酒以法国产的最为有名。

2. 甜食酒

甜食酒是以葡萄酒为基酒调配而成的，是西餐中最后食用甜点时饮用的一种酒，故由此得名。该酒的主要特点是酒味较甜。著名的甜食酒大多产于欧洲南部，如葡萄牙、西班牙等国。甜食酒主要有雪利酒、波特酒、马德拉酒。

（1）雪利酒

雪利酒（Sherry）产于西班牙，是以当地所产的葡萄酒为基酒，再勾兑当地的葡萄蒸馏酒，采用逐年换桶陈酿的特殊方式酿制而成的。雪利酒的颜色不一，酒度和口味也因品种而异，质地最好的雪利酒需陈酿15～20年。

（2）波特酒

波特酒（Port Wine）产于葡萄牙，是以葡萄牙当地产的葡萄原汁酒与葡萄蒸馏酒勾兑配制而成的，可净饮也可佐餐。波特酒按颜色分为白波特酒和红波特酒两大类。

（3）马德拉酒

马德拉酒（Madeira）产于葡萄牙所属的马德拉岛上，是以当地生产的葡萄酒和白兰地为基本原料配制而成的，酒度为16°～18°。马德拉酒有干型和甜型两种，干型马德拉酒是上好的开胃酒，甜型马德拉酒是著名的甜食酒。

3. 利口酒

利口酒（Liqueur）是一种以食用酒精和蒸馏酒为基酒，再配以各种调香物品后经过甜化处理的酒精饮料。利口酒大多在餐后饮用，其颜色娇美，气味独特，酒味甜蜜，具有舒筋活血、助消化的功能。中度利口酒的酒度为17°～30°不等，高度利口酒的酒度可达50°，且含糖量较高。利口酒色泽鲜艳，因此常用来配制鸡尾酒，以此来增加鸡尾酒的颜色、香味，使其个性突出。法国、意大利、荷兰是生产利口酒的主要国家，其产量约占全世界的一半。

二、非酒精饮料

非酒精饮料也称软饮料。在酒店的餐厅和酒吧中供应的软饮料品种很多，常见的有茶、咖啡、可可、牛奶及奶制品、矿泉水、果汁、蔬菜汁、汽水等，其中茶、咖啡、可可号称世界三大饮料。

（一）茶

据统计，中国茶叶有6 000多个品种，按制作方式分为三类，即不发酵茶、半发酵茶和全发酵茶；按商品分类为六大类，即绿茶、红茶、乌龙茶、黄茶、白茶和黑茶。

1. 绿茶

绿茶是历史上最古老的茶类。古代人类采集野生茶树芽叶晒干收藏，就可以看作绿茶加工的发端了，距今至少有 3 000 多年。

绿茶为我国茶量最大的茶类，分布于各产茶省、市、自治区，其中以浙江、安徽、江西三省产量最高、质量最优，是我国绿茶生产的主要基地。在国际市场上，我国绿茶占国际贸易量的 70% 以上，销量遍及北非、西非各国及法国、美国、阿富汗等 50 多个国家和地区。同时，绿茶又是生产花茶的主要原料。

绿茶，又称不发酵茶，是以适宜茶树新梢为原料，经杀青、揉捻、干燥等典型工艺制成的茶叶。绿茶的干茶色泽和冲泡后的茶汤、叶底以绿色为主调，因而得名。绿茶较多地保留了鲜叶内的天然物质，其中茶多酚、咖啡因保留 85% 以上，叶绿素保留 50% 左右，维生素损失也较少，从而形成了“清汤绿叶，滋味收敛性强”的特点。绿茶中保留的天然物质成分对防衰老、防癌、抗癌、杀菌、消炎等均有特殊效果，为其他茶类所不及。名贵绿茶品种有西湖龙井、黄山毛峰、碧螺春、庐山云雾、六安瓜片等。

2. 红茶

红茶以适宜制作本品的茶树新芽叶为原料，经揉捻、发酵、干燥等典型工艺过程精制而成。红茶的干茶色泽与冲泡的茶汤以红色为主调，所以称为红茶。

红茶开始创制时称为“乌茶”。红茶在加工过程中发生了化学反应，鲜叶中的化学成分变化较大，茶多酚减少 90% 以上，产生了茶黄素等新的成分。香气物质从鲜叶中的 50 多种增至 300 多种，一部分咖啡因、儿茶素和茶黄素络合成滋味鲜美的络合物，从而形成了红茶、红汤、红叶。

红茶按不同的制造方法，又分为小种红茶、工夫红茶和红碎茶。名贵红茶品种有祁红、滇红、英红、川红等。

3. 乌龙茶

乌龙茶，也称青茶、半发酵茶，以本茶的创始人而得名。它是我国几大茶类中，独具鲜明特色的茶叶品类。乌龙茶综合了绿茶和红茶的制法，品质介于二者之间，既有红茶的浓鲜味，又有绿茶的芬香，所以有“绿叶红镶边”的美誉。饮后齿颊留香，回味甘鲜。乌龙茶的药用价值主要突出表现在分解脂肪、减肥健美等方面。在日本，乌龙茶被称为“美容茶”“健美茶”。

乌龙茶的产生，还有一个神奇的传说。相传在清朝雍正年间，福建省安溪县西坪乡南岩村里有一个茶农，名字叫作苏龙，他也是打猎能手，因为他长得黝黑健壮，乡亲们都叫他“乌龙”。一年春天，乌龙腰挂茶篓，身背猎枪上山

采茶，到了中午，一头山獐突然从他身边溜过，乌龙举枪射击，但负伤的山獐拼命逃向山林之中，乌龙也随后紧追不舍，终于捕获了猎物。当他把山獐背到家时已经是晚上了，乌龙和全家人忙着宰杀、品尝野味，将制茶的事全然忘记了。当第二天清晨全家人想起此事时，放置了一夜的新鲜叶子已镶上了红边了，并且散发出阵阵清香。用这些鲜叶制成的茶叶，滋味格外清香浓厚，全无往日的苦涩之味。于是，经过反复的试验与细心的琢磨，经过摇青、半发酵、烘焙等工序，终于制出了品质优异的茶类新品——乌龙茶。安溪也就成了我国著名的乌龙茶茶乡了。

4. 黄茶

在炒青绿茶的过程中，人们发现，若杀青、揉捻后干燥不足或不及时，叶色即会变黄，于是产生了新的品类——黄茶。

黄茶的制作与绿茶有相似之处，不同点是多了一道闷堆工序。该工序是黄茶制法的主要特点，也是它同绿茶的基本区别。绿茶是不发酵的，而黄茶属于发酵茶类。

黄茶，按其鲜叶的嫩度和芽叶大小，分为黄芽茶、黄小茶和黄大茶三类。黄芽茶主要有君山银针、蒙顶黄芽和霍山黄芽；黄小芽主要有北港毛尖、远安鹿苑茶、皖西黄小茶、浙江平阳黄汤茶等；黄大茶有安徽霍山、金寨、六安、岳西和湖北英山所产的黄茶和广东大叶青等。

5. 白茶

白茶，属轻微发酵茶，是我国茶类中的特殊珍品。因白茶成品茶多为芽头，满披白毫，如银似雪而得名。白茶的历史悠久，其清雅芳名的得名，迄今已有800余年了。它的主要品种有白牡丹、白毫银针。

白茶的产区主要在福建省的一些县市，那里常年气候温和，雨量充沛，主要种植福鼎大白茶、政和大白茶及水仙等优良茶树品种。

6. 黑茶

黑茶，在鲜叶选料、工艺流程和对其色泽、品质的要求上，都具有独特的标准与风味。

绿色的鲜茶叶是经过何种制作工序变成黑茶的呢？最早的黑茶是在四川生产的、由绿毛茶经蒸压而成的边销茶。四川的茶叶要运输到西北地区，由于交通不便，运输困难，因此必须减小体积，蒸压成团块。在加工成团块的工程中，要经过20多天的湿性堆积，所以毛茶的色泽由绿逐渐变黑，成品团块茶叶的色泽为黑褐色，并形成了茶品的独特风味，这就是黑茶的由来。黑茶因产区和工艺上的差别，有湖南黑茶、湖北老青茶、四川边茶和滇桂黑茶之分，而云南黑茶统称为普洱茶。普洱散茶是黑茶类中独具浓醇陈香的品种。

（二）咖啡与可可

咖啡树的原产地在非洲的埃塞俄比亚，因其所结果实的种子形似豆子，所以被称为咖啡豆。我们日常喝的咖啡是由烘焙过的咖啡豆磨碎冲制而成的。由于咖啡具有振奋精神、消除疲劳、除湿利尿、帮助消化等功效，因而深受人们的喜爱。

可可树是一种亚马孙雨林中土生的植物，生长在赤道以北或以南纬度20°的热带。可可树一年四季均能开花、结果，但只有很少一部分花（大约是千分之十）能结出含种子的豆荚——果实，即人们所称的可可豆。把煎焙过的可可豆磨碎就成了可可粉，是制造巧克力的基本原料。巧克力因在制造过程中添加了不同的成分，而有黑巧克力（也就是纯巧克力）、白巧克力（仅有可可油及牛奶，不含可可粉）、牛奶巧克力（至少含10%的可可浆及至少12%的乳质）之分。牛奶巧克力的口味最为东方人所接受。

实战演练

（1）完成一桌10人台的斟酒。按百分制计分，具体技能评判见表3-1。

（2）选择一种红葡萄酒（或白葡萄酒、香槟酒、白酒），介绍它的产地、年份、特点等基本知识。

表3-1　技能评判表

序号	技能标准	评判结果		
		分值	扣分	得分
1	仪容仪表（西服或西装马甲、白衬衫、领带、黑皮鞋）	10		
2	持瓶姿势正确（右手持瓶身中下部分，酒瓶商标朝向宾客）	10		
3	站位准确（侧身站在宾客右侧，并不贴靠在宾客身上）	10		
4	瓶口与杯沿距离以1～2 cm为宜（每相碰一次扣1分）	10		
5	斟酒动作细腻、准确、自然，斟酒顺序正确，过程保持卫生	20		
6	酒满程度均匀（每杯酒斟至八分满为宜）	20		
7	不滴不洒（每洒一滴扣1分，严重者扣2分）	20		
合计		100		

任务二 菜肴服务

学习目标

知识目标：掌握与中国菜肴有关的基础知识。
技能目标：掌握接受顾客点菜的技能。

学习重点、难点

重点：点菜服务。
难点：上菜、分菜服务。

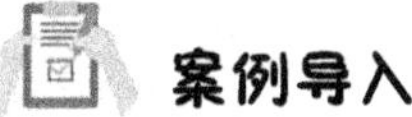

案例导入

是鱼太大还是推销提成的吸引力大？

王先生带着客户到某星级酒店的中餐厅去吃烤鸭，这里的北京烤鸭很有名，客人坐满了餐厅。由于没有预订，服务员小张先将王先生一行人引至休息室等了一会儿，才安排他们到一张客人预订却未到的餐桌前。大家入座后，王先生一下子就为 8 个人点了很多菜，除烤鸭外还有十几道菜，其中有一道是“清蒸鲟鱼”。由于餐厅近日推出了推销海鲜的提成方法，服务员小张高兴得没问客人要多大的鱼，就通知厨师去加工了。

不一会儿，一道道菜陆续上桌了。客人们喝着酒水，品尝着鲜美的菜肴和烤鸭，颇为惬意。吃到最后，桌上仍有不少菜，但大家却已酒足饭饱。突然，同桌的小谢想起还有一道“清蒸鲟鱼”没有上桌，就赶忙催服务员快点上这道菜。鱼端上来后，大家都愣住了！“好大的一条鱼啊！足足有 3 斤多重，这怎么吃得下呢？”“服务员，谁让你做这么大一条鱼啊！我们根本吃不下。”王先生用手推了推眼镜，说道。“可您也没说要多大的鱼呀？”服务员小张反问道。“你们在点菜时应该问清客人要多大的鱼，加工前还应该让我们看一看呀。这条鱼太大，我们不要了，请退掉！”王先生毫不退让。“先生，实在对不起，如果这条鱼您不要的话，餐厅就要扣我的钱了，请您务必包涵一下吧！”小张的口气软下来。

"这个菜的钱我们不能付，不行的话就请找你们经理来。" 双方僵持不下。

[评析]

(1) 在点菜时，服务人员就应该注意客人点的菜是否够吃了；如果菜差不多够吃的话要提醒客人，可让客人点些精致的饭后甜品、果盘等。

(2) 如果客人要点海鲜，则必须说明价格，询问客人要点的海鲜的斤两和做法，有需要的话要带客人到海鲜池选择。绝不允许服务人员擅自替客人决定时价海鲜的斤两和做法，更不应该为了个人利益强迫客人消费。

(3) 本案例中服务员小张在给顾客点菜时存在疏忽，当顾客提出异议时并没有检讨、反省自己的不足，以致客人坚持要把鱼退掉。

(4) 在任何情况下，服务人员都要对客人保持礼貌和尊重，不允许对客人说出质疑或讽刺的话语。

[处理结果]

(1) 小张将鱼撤回厨房，并向主管汇报情况，将鱼从客人账单中划掉。

(2) 小张和经理向客人道歉，希望取得客人的谅解。

(3) 经理代表餐厅向客人赠送果盘或给其打折以表歉意。

(4) 撤掉的鱼由小张赔偿。餐厅以此事为教训，教导全体员工务必提高顾客意识。

任务布置

工作一：点菜服务。

工作二：上菜及分菜服务。

相关知识

一、中国菜肴知识

(一) 中国菜肴的构成

1. 按地域分

各地的气候、习俗影响着各地的烹饪习惯，出现了山东风味、广东风味、四川风味等菜肴。清代有"帮口""帮口菜"的说法，还有如"扬帮""川帮""扬帮菜""川帮菜"的叫法。从20世纪50年代开始，中国有"四大菜系"之说，即山东（鲁）、淮扬（苏）、四川（川）、广东（粤）等菜系；又有"八大菜系"之说，即"四大菜系"再加上浙江（浙）、安徽（徽）、湖南（湘）、福建（闽）

四大菜系；还有“十大菜系”之说，即“八大菜系”再加上北京（京）、上海（沪）两个菜系。

2. 按原料性质划分

根据原料性质，中国菜肴有素食风味和荤食风味两种。素食从南朝梁开始形成流派，到清代形成宫廷、寺院、民间三个派别。

3. 按功用划分

根据功用，中国菜肴有普通食品和保健医疗风味之分。

4. 按时代划分

根据时代，中国菜肴有仿古风味和现代风味之分。前者有仿宫廷、仿官府、仿唐、仿宋、仿“红楼”、仿“随园”等风味。

（二）中国菜肴的特点

经过长期的发展和完善，中国烹饪以取料广泛、技艺精湛而享誉世界，并且融合了我国的传统文化，集各民族烹调技艺的精华于一体，形成了中国菜肴独特的风格特征。

1. 选料讲究，品种多样

选料是中国厨师的首要技艺，具备丰富的知识和熟练运用的技巧，是做好一品中国菜肴的基础。中国烹饪所用的原料非常丰富，一般分主配原料、调味原料和佐助原料三大类，总数在万种以上，而常用的达三千种左右。由于原料品种繁多，所以原料的质量和季节性至关重要，必须做到因料施烹，这样才能烹制出更多精美的菜肴。每种菜肴所取的原料，包括主料、配料、辅料、调料等，都有很多讲究，要遵循一定的规范。

2. 刀工精细，精于运用火候

刀工即对原料进行刀法处理，使之成为烹调所需要的、整齐一致的形态，以适应火候、受热均匀、便于入味，并保持一定的美的形态，因而是烹调技术的关键环节之一，也是厨师必须具备的基本技能之一。我国早在古代就十分重视刀法的运用，经过历代厨师的反复实践，创造了丰富的刀法，如直刀法、斜刀法、平刀法等。针对原料的不同性质，根据菜肴的不同要求，运用切、批等刀法，切制出片、块、丝、条、粒、段、丁、末、茸和荔枝花、麦穗花等众多形状，既便于原料在烹调过程中成熟均匀，又有利于调味，同时也便于美化菜肴。此外，还可镂空成美丽的图案花纹，雕刻成“喜”“寿”“福”“禄”字样，增添喜庆筵席的欢乐气氛。特别是刀工和拼摆手法相结合，把熟料和可食生料拼成艺术性强和形象逼真的鸟、兽、虫、鱼、花、草等花式拼盘，如“龙凤呈祥”“孔雀开屏”“喜鹊登梅”“荷花仙鹤”等。

火候是形成菜肴风味特色的关键之一，但火候瞬息万变，没有多年操作实践经验很难做到恰到好处，因而，掌握适当火候是我国厨师的一门绝技。在烹制菜肴的过程中，火力的强弱和用火时间的长短也是影响菜肴质量的一个重要原因。烹调用火一般分为旺火、中火和小火，根据菜品的不同需要分别施用，如用旺火快速烹制菜肴、用微火长时间炖煨菜肴，以及先用旺火再用小火加热菜肴等均是烹制菜肴的重要环节，若火候掌握不当，即便使用珍稀原料，也不能烹制出美味佳肴。我国厨师能精确鉴别旺火、中火、微火等不同火力，熟悉各种原料的耐热程度，熟练控制用火时间，善于掌握传热物体（油、水、气）的性能，还能根据原料的老嫩程度、水分多少、形态大小、整碎厚薄等，确定下锅的次序，加以灵活运用，烹制出美味佳肴。火候掌握得恰当适宜是保证菜肴色、香、味、形、营养等的关键。

3. 配料巧妙，技法多样

配料是烹调之前不可或缺的一道重要工序。配料原则一般体现在量、质、色、香、味、形、营养等方面，还要考虑到荤腥、粗细、单个菜品与整桌筵席的搭配及成本等内容。通过合理搭配，有利于原料的合理使用，形成菜肴的多样化。值得一提的是，中国烹饪特别擅长于拼制各种花式冷盘，即美食配美器，使菜肴不仅具有实用价值，而且极具艺术欣赏价值。这也是中国烹饪艺术的组成部分之一，体现了独特的民族格调与情韵。

烹调方法是我国烹调技艺的核心，其实质主要是对于热能的运用。火力的大小、强弱，时间的长短及不同的运用方法，产生了许多不同的加热效果，从而形成了丰富多彩的烹调方法，如炸、炒、熘、爆、炖、烹、煸、煮、焖、烧、扒、烩、煎、涮、蒸等，同时也包括用于冷菜制作的卤、腌、拌、酱、炝等方法。

4. 风味多样，品种丰富，讲究盛装器皿

调味也是烹调的一种重要技艺，即所谓“五味调和百味香”。中国烹饪特别讲究味的塑造与表现，要求一菜一格、百菜百味，追求美味佳肴的风味特色。调味料繁多，应用方法也很多，主要有基本调味、定型调味和辅助调味三种，以定型调味方法运用最多。所谓定型调味是指原料加热过程中的调味，是为了确定菜肴的口味。基本调味在加热前进行，属预加工处理的调味。辅助调味则在加热后进行，或在进食时调味。多种调味方法组合在一起，形成咸鲜、麻辣、鱼香、怪味等多种口味的地方菜系，构成了中国烹饪的风味体系。

美食与美器是相互促进、密不可分的。中国菜肴对盛装器具非常讲究，盛装器具应具有品种多样、外形美观、质地精良、色彩鲜艳等特点。随着饮食文化的不断发展，饮食起居也在不断发展，就类别而言，菜肴的盛装器具有瓷器、玻

璃、银器、木器、竹器等，且各自有多种款式和造型。以美器映衬美食，使食与器达到完美的统一与和谐。

（三）中国菜肴的分布

1. 山东菜（亦称鲁菜）

鲁菜（包括京津等北方地区）又称山东菜，主要由济南和胶东地方菜组成，为中国四大菜系之一。

（1）形成与发展：齐鲁大地依山傍海、物产丰富、文化繁荣，为烹饪文化的发展及山东菜系的形成提供了良好的条件。该地区粮食产量居全国第三位；蔬菜种类繁多，品质优良，号称“世界三大菜园”之一，如胶州大白菜、章邱大葱、苍山大蒜、莱芜生姜都蜚声海内外；水果产量居全国之首，仅苹果就占全国总产量40%以上；猪、羊、禽、蛋等产量也极为可观；水产品产量居全国第三，其中名贵海产品有鱼翅、海参、大对虾、加吉鱼、比目鱼、鲍鱼、天鹅蛋、西施舌、扇贝、红螺、紫菜等驰名中外；酿造业历史悠久，品种多、质量优，诸如洛口食醋、济南酱油、即墨老酒等，都是久负盛名的佳品。

（2）特点：鲁菜讲究调味纯正，口味偏咸鲜，具有鲜、嫩、香、脆的特色。鲁菜十分讲究清汤和奶汤的调制，清汤色清而鲜，奶汤色白而醇。鲁菜常用的烹调技法有30种以上，尤以爆、扒法独特而专长。爆法讲究急火快炒；扒法为鲁菜独创，原料腌渍粘粉，油煎黄两面，慢火尽收汁；扒法成品整齐成型，味浓质烂，汁紧稠浓。

（3）代表菜品：糖醋鲤鱼、油爆双脆、九转大肠、锅烧肘子、锅塌豆腐、双色鱿鱼、玻璃苹果、焖大虾、靠大虾、葱爆海参、红烧海螺、奶汤鱼翅、清汤燕窝、清蒸加吉鱼、奶汤鸡脯、烧蛎黄、糟熘肉片、德州扒鸡等。

2. 四川菜

（1）形成与发展：概括地说，川菜发源于古代的巴国和蜀国，它是在巴蜀文化背景下形成的。春秋至秦是川菜的启蒙时期，到两汉两晋之时，川菜就已经呈现初期的轮廓。隋唐五代，川菜有较大的发展。两宋时，川菜已跨越了巴蜀疆界，进入北宋东京、南宋临安两都，为川外人所知。明末清初，川菜运用引进种植的辣椒调味，对巴蜀早就形成的“尚滋味”“好辛香”的调味传统有所发展。晚清以后，川菜逐步形成一个地方风味极浓郁的体系，与黄河流域的鲁菜、岭南地区的粤菜、长江下游的淮扬菜同列。

（2）特点：正宗川菜以成都、重庆两地的菜肴为代表，素以味广、味多、味厚著称，享有一菜一格、百菜百味的美誉。烹饪特别讲究火候，且以小煎、小炒、干烧、干煸见长。重视选料，讲究规格，分色配菜，主次分明，鲜艳协调。

其特点是酸、甜、麻、辣、香、油重、味浓，注重调味，离不开三椒（即辣椒、胡椒、花椒）和鲜姜，以麻、辣、酸、香脍炙人口，为其他地方菜所少有，形成川菜的独特风味。川菜善于综合用味，收汁较浓，在咸、甜、麻、辣、酸五味基础上，加上各种调料，相互配合，形成各种复合味，如家常味、咸鲜味、鱼香味、荔枝味、怪味等23种。川菜发展至今，已具有用料广博、注重调味、味型多样等特征，其中尤以味型多、变化巧妙而著称。“味在四川”便是世人所公认的。

（3）代表菜品：开水白菜、水煮鱼、水煮肉片、宫保鸡丁、鱼香肉丝、鱼香茄子、回锅肉、锅巴肉片、麻婆豆腐、毛肚火锅、樟茶鸭子、干烧明虾、怪味鸡、香酥鸡、干煸牛肉丝、夫妻肺片等。

3. 江苏菜（亦称淮扬菜）

（1）形成与发展：江苏东濒大海，西拥洪泽，南临太湖，长江横贯于中部，运河纵流于南北，加以寒暖适宜、土壤肥沃，素有“鱼米之乡”之称。“春有刀鲸夏有鳃，秋有肥鸭冬有蔬”，富饶的物产为江苏菜系的形成提供了优越的物质条件。

（2）特点：江苏菜系主要由淮扬、金陵、苏锡、徐海四个地方菜构成，其影响遍及长江中下游地区。淮扬风味以扬州、两淮（淮安、淮阴）为中心，以大运河为主干，南起镇江，北至洪泽湖周近，东含里下河及沿海地区。其中，扬州刀工为全国之冠，两淮的鳝鱼菜品丰富多彩，镇江三鱼（鲥鱼、刀鱼、鮰鱼）驰名天下。金陵风味又称京苏菜，是指以南京为中心的地方风味，南京菜兼取四方之美，适应八方之需，以“松鼠色”“蛋烧卖”“美人肝”“凤尾虾”四大名菜，以及“盐水鸭”“卤鸭肫肝”“鸭血肠”为代表。苏锡风味以苏州、无锡为代表，传统重甜出头、咸收口，浓油赤酱，近代逐渐趋向清新爽适，浓淡相宜。“松鼠鳜鱼”“碧螺虾”“鸡茸蛋”“常熟叫花鸡”等都是脍炙人口的美味佳肴。徐海风味以徐州、连云港一带为代表，以鲜咸为主，五味兼蓄，风格淳朴，注重实惠。

（3）代表菜品：清炖狮子头、叫花鸡、松鼠鳜鱼、鸡汤煮干丝、水晶肴蹄、羊方藏鱼等。

4. 广东菜（亦称粤菜）

（1）形成与发展：粤菜源远流长，历史悠久。它同其他地区的饮食和菜系一样，都有着中国饮食文化的共同性。粤菜的起源可远溯至距今2 000多年的汉初。古代，中原的移民到来之前，岭南越族先民就已有独特的饮食风格，如嗜好白蛇、鱼蛤甚至生食。随着历史变迁和朝代更替，许多中原人为逃避战乱而南渡，汉越日渐融合。中原文化的南移，中原饮食制作的技艺、炊具、食具和百越

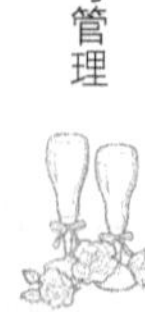

农渔丰富物产结合，这就是粤式饮食的起源。

（2）特点：广东菜由广州菜、潮州菜、东江菜三个地方菜组成。广东菜取料之广，为全国各菜系之最，“不问鸟兽虫蛇，无不食之”，如在动物性原料方面，除了常用的鸡、鸭、鱼、虾、猪、牛、羊外，还善用蛇、狗、狸、鼠等动物。善用鲜活原料为广东菜一大特色，其中以潮州菜用海鲜最为见长。刀工技法上注重朴实自然，不像其他菜系在刀工技法上细腻。广州菜口味上以爽、脆、鲜、嫩为特色，是广东菜系的主体口味。东江菜的口味则以咸、酸、辣为特色，多为家常菜。广东菜的烹调方法源于许多地区，经不断改进而形成了一整套不同于其他菜系的烹调体系。烹调方法多用煎、炒、扒、煲、炖、蒸等。广东菜的调味品多用老抽汁、柠檬汁、豉汁、蚝油、海鲜酱、沙茶酱、鱼露、栗子粉、吉士粉、嫩肉粉、生粉、黄油等，这些都是其他菜系不用或用得少的调料。

（3）代表菜品：龙虎斗、龙虎凤、蚝油牛肉、糖醋咕噜肉、烤乳猪、太爷鸡、盐焗鸡、白灼虾、白斩鸡、烧鹅等、客家菜（东江菜）等。

5. 浙江菜（亦称浙菜）

浙江菜系，主要由杭州、宁波、绍兴三个地区的菜肴为代表构成。烹调方法以爆、炒、炸、熘、烩、蒸、烧、煎为主。猪肉、鱼虾、禽蛋、瓜果、蔬菜、豆类和部分野味是浙菜的主要常用原料，尤以鱼、肉、禽、笋类占比例最大。

杭帮菜是浙江菜系中最负盛名的一种。杭州作为省城，集中了全省各地优秀菜肴的精华，杭帮菜又继承和发扬了它作为南宋古都“京杭大菜”的传统，结合西湖的美景逸事，运用地方特产，菜肴讲究原汁本味，注意轻油、轻浆、轻糖，重在清鲜脆嫩，南北口味水乳交融，南料北烹，制作精细，做到“淡妆浓抹总相宜”，具有旅游胜地适应各方口味的特点。正宗杭帮菜有东坡肉、生爆鳝片、干炸响铃、南乳肉、杭三鲜、西湖醋鱼、油焖春笋、龙井虾仁、叫花童鸡、西湖莼菜等。

宁波菜包括浙东沿海一带的风味特色菜肴。它以海鲜为烹饪主料，以蒸、烤、炖等烹调技法见长，注重原汁原味，讲究鲜嫩香糯软滑。由于爱用雪里蕻、苔菜作辅料，菜味大多咸里带鲜，形成了一种“鲜咸合一”的特色风味。宁波菜品种很多，最著名的有冰糖甲鱼、苔菜拖黄鱼、全虾仁、彩熘黄鱼、苔菜小方烤、网油包鹅肝、黄鱼鱼肚、清蒸鳗鱼。用腌咸菜和新鲜大黄鱼烹制而成的“大汤黄鱼”，也是富有宁波特色的传统名菜。

绍兴菜主要来自民间，富有江南水乡风味，以鱼虾河鲜和鸡鸭、豆类、笋类为主要原料，讲究香酥绵糯、鲜咸入味、轻油忌辣，汁浓味重，且多用当地的绍兴酒烹制，香味浓郁，回味隽永。“清汤越鸡”据传是春秋越国流传下来的绍兴菜，被称为绍兴“菜中皇后”。除此之外，著名的绍兴菜有干菜焖肉、酒焖全鱼、豆豉烧鱼段等。

6. 安徽菜（亦称徽菜）

安徽菜系简称“徽菜”，是由沿江、沿淮、徽州三地区的地方菜发展而成，其中，沿江菜是指芜湖、安庆一带的菜肴；沿淮菜是指蚌埠、宿县、阜阳一带的菜肴，徽州菜是指皖南一带的菜肴，它是徽菜的发源地，是徽菜的主要代表。

安徽省位于华东的西北部，长江、淮河横贯全省，土地肥沃、物产富饶，特色很多，有果子狸（又名中尾狸）、马蹄鳖、斑鸠、山鸡、野鸭、鞭笋等，一般的原料也较丰富，有青鱼、虾、蟹及家禽、家畜等，为烹制菜肴提供了有利的条件。安徽菜，素以烹制山珍野味而著称，早在南宋时就有关于用“沙地马蹄鳖，雪天牛尾狸”做成美味可口菜肴的记载。安徽菜的特色是选料朴实，擅长烧、炖、蒸等烹调方法。菜肴具有“三重”的特点，即“重油”“重酱色”“重火工”。“重油”主要与皖南山区的生活习惯有关，因山区人民常年饮用含有较多矿物质的山溪泉水，再加上那里是产茶区，人们常饮茶，故需多吃油脂以滋润肠胃。“重酱色”“重火工”突出菜肴的色、香、味，使菜肴色泽红润，保持厚汁厚味。名菜有无为熏鸭、火腿炖甲鱼、火腿炖鞭笋、红烧果子狸、腌鲜鳜鱼（又名臭鳜鱼）、符离集烧鸡、奶汁肥王鱼等。

7. 湖南菜（亦称湘菜）

湖南菜历史悠久，早在汉朝，烹调技艺已有相当程度的发展，在长沙市出土的西汉古墓中，不仅发现有酱、醋、腌制的果菜遗物，还有鱼、猪、牛等遗骨。经考古学家鉴定，这些遗骨在当时都有烹制过的熟食残迹，说明许多烹调方法在当时已形成。湖南菜系以长沙菜为主要代表。长沙在历史上曾是封建王朝的重要城市，经济文化都较发达，烹调技术也得到了相应的发展。湖南菜地方特色浓郁，在操作上讲究原料的入味，口味注重辣、酸，烹调方法以煨、蒸、煎、炒最为擅长。著名的湖南菜有东安鸡、腊味合蒸、麻辣仔鸡、红煨鱼翅、冰糖湘莲、金钱鱼等。

8. 福建菜

福建菜又称“闽菜”，起源于福建省闽侯县，整个菜系由福州、泉州、厦门等地的地方菜发展而成，其中以福州菜为主要代表。福建位于我国东南沿海，盛产多种海产品，如河鳗、长禾的竹蛏、樟港的海蚌等都是当地的特产。福建菜多以海鲜为主要原料，常用的原料有海鳗、蛏子、海参、鱿鱼、黄鱼、燕皮（福建特产，用猪肉制成）、香菇等。福建菜系以制作精细、色调美观、滋味清鲜著称，在南方菜系中独具一格。偏于甜酸，常用红糟调味，是福建菜系的显著特色之

一。著名的福建菜有鸡汤氽海虾、淡糟香螺片、七星鱼丸和糟醉鸡。福建菜系中的传统名菜“佛跳墙”的制作方法和风味特色尤其别致。相传清朝几个秀才有一天相聚在春园菜馆，遍尝百味后已感厌腻，这时菜馆主人奉上一个酒坛子，当即打开盖子，顿时满堂馥郁。秀才们食欲大增，询悉此菜尚未起名，故趁酒兴吟诗作赋，诗末有二句“坛启荤香飘四邻，佛闻弃禅跳墙来”，“佛跳墙”就此得名。

9. 北京菜

北京很早就是全国的政治、经济、文化中心，北京的这一特殊地位，既为北京菜系的形成和发展创造了有利条件，又使北京菜系综合了汉族、满族、蒙古族、回族等的烹饪经验，吸收全国主要地方风味尤其是山东风味的优点，并继承明、清两代宫廷菜肴的精华。京菜取料广泛，花色繁多，调味精美，口味以脆、酥、香、鲜为特色。由于满族、蒙古族、回族等长期在北京定居，因此北京菜系擅长烹制羊肉菜肴，烤羊、涮羊肉均为著名的当地风味，此外以猪肉为主料，采用白煮、烧、燎的方法制作的菜肴，也别具一格。北京菜中的突出烹调方法有炸、熘、爆、炒、烤、烧、扒等。著名的菜肴有熘鸡脯、烤鸭、油爆双脆、糟熘鱼片、酱爆鸡丁、醋椒鱼等。

10. 上海菜

由于上海本地菜（包括苏锡菜）与外地菜长期共存，相互影响，因而在原本地菜的基础上逐渐发展成以上海和苏锡风味为主体并兼有各地风味的上海风味菜系。上海菜具有许多与众不同的特点：第一，讲究选料新鲜。它选用四季时令蔬菜；鱼是以江浙两省产品为主，取活为上，一年四季都有活鱼供客选择，当场活杀烹制。第二，菜肴品种多，四季有别。第三，讲究烹调方法并不断加以改进。上海菜原来以烧、蒸、煨、炒并重，逐渐转为以烧、生煸、滑炒、蒸为主，其中以生煸、滑炒为最多，特别善烹四季河鲜。第四，口味有很大的变化。原来上海菜以浓汤、浓汁厚味为主，后来逐步变为卤汁适中，有清淡素雅，也有浓油赤酱，讲究鲜嫩、色调，鲜咸适口。特别是夏秋季节的糟味菜肴，香味浓郁，颇有特色。上海菜的主要名菜有青鱼下巴甩水、白斩鸡、鸡骨酱、虾子大乌参、松江鲈鱼、枫泾丁蹄等。

（四）中国菜肴的基本烹调方法

1. 熘

熘是用调制卤汁浇淋于用温油或热油炸熟的原料上，或将炸熟的原料投入卤汁中搅拌的一种烹调方法，可分为脆熘、滑熘、醋熘、糟熘、软熘等，如醋熘鱼块等。

2. 烹

烹是将小型原料经炸或煎至金黄色后，再用调味料急速拌炒的一种烹调方法，是炸的转变烹调方法。烹可分为炸烹和清烹，如炸烹里脊丝等。

3. 烩

烩是将多种小型原料在旺火上用鲜汤和调料制成半汤半菜的一种烹调方法。烩可分为红烩和白烩，以白烩居多，如五彩素烩等。

4. 汆

汆是沸水下料，加调料，在汤将开时撇净浮沫，用旺火速成的一种烹调方法。一般是汤多菜少，但口味清鲜脆嫩，如汆鱼圆等。

5. 焖

焖是将原料经炸、煎、炒或水煮后加入清汤和调料用旺火烧开，再加盖用微火长时间加热至熟的一种烹调方法。焖菜比烧菜汁多。焖可分为红焖、黄焖、葱焖等，如板栗焖鸡块等。

6. 扒

扒是将原料经蒸或煮成半成品后整齐地放入锅中，加汤和调料，用旺火烧开，中小火烧透入味，再用旺火勾芡的一种烹调方法。扒可分为红扒、白扒、奶油扒等，如扒鸡等。

7. 卤

卤是将大块原料放入由多种调料调制好的卤汁中用小火慢慢煮熟至酥烂，然后移离火口、浸其入味的一种烹调方法。卤可分为红卤和白卤，如卤鸭等。

二、针对不同顾客的菜品推销

（一）对于不同年龄的顾客

餐饮服务员在向顾客进行推销时，首先要了解不同年龄层次顾客的不同需求，以便在服务过程中能做到有的放矢。

1. 老年顾客

饮食上要求嫩、烂、酥、松，容易消化。在服务中要耐心、不急躁，可以向这类顾客推销一些滋补炖品。

2. 青年顾客

饮食上要求香、脆、爽，菜肴丰富多样，服务上要求迅速、及时，在服务过程中要针对其特点给予介绍。

3. 少年儿童

儿童多喜欢新鲜、少骨无刺、造型美观的菜肴。服务时要主动关心，在推销

服务中，可以介绍符合以上要求的菜肴。

（二）对于不同类型的顾客

餐饮服务人员面对的顾客是多种多样的，他们有着不同的性格、不同的爱好，所以有着不同的消费习惯和消费特性。

1. 炫耀型

这类型顾客情感丰富，一般易感情用事，重友情、好面子，好“打肿脸充胖子”，好炫耀自己富有、慷慨，不考虑价格，不求快，只要求好、求尊重。面对这类型顾客，在服务过程中应注意多介绍一些特色的菜肴，数量少而精；另外还要考虑操作方法、口味、色调、原料的搭配。

2. 茫然型

这类型顾客多数是第一次出门，还不习惯在外就餐，对就餐知识和经验比较缺乏，往往是随便找个地方吃一顿。这些顾客往往会环顾四周，看别人吃什么然后再决定，有时也会考虑到价格因素。在服务过程中，可介绍一些餐厅的风味菜肴，但也要把这道菜的原料、风味、特色解释清楚。

3. 习惯型

习惯型的顾客往往偏好几种菜肴，或沉迷于某一饭菜的风味，或因某一餐厅、某一厨师慕名而来。在服务过程中，应了解这些顾客以前喜欢吃什么菜，而给予对口的介绍。

（三）对于不同消费动机的顾客

餐饮服务人员如果可以按照顾客的消费动机来做推销，想顾客所想、随顾客所愿，可以明显地提高推销的成功率。

1. 对于前来吃便饭的顾客

这是餐饮服务人员在工作中经常遇到的一类顾客，这些前来吃便饭的顾客也有很多类型，有的是出差、旅游、学习的外地顾客，居住在本酒店，就近解决吃饭问题；有的是居住在附近的居民，出于某种原因来餐厅吃饭等。这些消费者的要求是经济实惠或快吃早走，品种不必太多，但上菜要快。服务人员应主动介绍价廉物美、有汤有菜、制作时间短的品种，这些菜既能满足这一类顾客对饮食方面的基本要求，又能节约他们的用餐时间。

2. 对于前来调剂口味的顾客

这类顾客的关注点往往集中在菜品的口味上。大部分来餐厅调剂口味的人应该是慕名而来的，想尝尝酒店的风味特色、名菜、名点或者专门是为某一道菜肴而来。这些顾客往往要求吃一些平时不易吃到或很少吃到的，在选料、烹制方面都有风味特色的菜肴，不要求快而要求好，还喜欢以普通的原料烧出不同口味的菜肴。这些顾客有些对餐厅的风味特色非常了解，喜欢自己点菜；也有些不知道餐厅的特色名菜，需要服务人员介绍，在服务过程中要介绍一些反映特色的菜肴，数量上要少而精。面对这些顾客时，餐饮服务人员要投其所好，着重介绍自己餐厅的特色菜肴及口味特征。

3. 对于前来举办宴会的顾客

这类顾客的消费需求往往很大，是餐饮服务人员的重点推销对象。除结婚、庆寿等宴请以外，还有其他原因的宴请，如商务、业务宴请等。这些顾客一般都讲究排场，要求菜肴品种丰盛，有的注重菜肴的精美充足，还有的考虑一定的价格范围，因而餐饮服务人员在介绍品种时，要注意适当配一些本餐厅的风味名菜，要有冷有热、有荤有素、有菜有汤、品种多样，既要丰富，又要控制在价格范围之内。顾客进餐时，服务人员还要经常留意菜肴是否充裕，如不够时，应及时与顾客沟通，询问是否需添菜。餐饮服务人员应该准确把握这类顾客的消费心理，在推销菜品时，尽量迎合他们的想法。

4. 对于前来聚餐的顾客

前来聚餐的顾客，往往是一些基于一定的情感因素而聚到一起的人，比如一些关系较好的同事、同学、朋友、战友等。这些顾客往往要求气氛热闹，要求菜肴品种丰富而不用太多，精细而不太贵，有时每人点一个自己喜欢吃的菜，有时也要求服务人员配菜。对这些顾客，服务人员要尊重他们的意见，服务中要主动询问他们的要求和喜好。冷盘和第一、第二个菜的分量可以多一些，后面的菜可以少些，避免浪费。上菜速度不宜太快，有的菜凉了要主动帮助加热回烧。这一类顾客对酒和饮料的需求经常会比较大，所以餐饮服务人员应该多介绍几种不同的酒类和饮料。

任务实施

工作一：点菜服务

（一）点菜准备工作

（1）了解菜单上菜肴的制作方法、烹调时间、口味特点和装盘要求。

（2）了解菜单上菜肴的单位，即一份菜的规格和分量等，通常以盘、斤、两、只、打、碗等来表示。

（3）掌握不同人数的顾客所需要菜肴的组成和分量。

（4）了解顾客口味及饮食要求，通过观察顾客的国籍、年龄和言谈举止获得信息，同时掌握顾客的饮食习惯和菜肴知识，便于做好建议性销售。如日本顾

客一般喜食麻婆豆腐、水鱼、榨菜银芽炒肉丝、刺身类菜肴（如三文鱼）、蘑菇和汤面等；非洲顾客一般爱食用猪肉、牛肉和鸡肉等，不喜食海鲜；欧美顾客一般不食用动物内脏、狗肉、鸽肉和蛇肉等。

（5）能熟练介绍菜肴的口味特点、烹调方法和原料等。

（6）懂得上菜顺序、时机和佐料搭配。

（二）接受点菜

（1）准备好笔和点菜单，确保点菜单复写字迹清晰。一般点菜单一式三份：一份送厨房，一份送结账台，一份供餐厅服务备用。

（2）在顾客准备点菜时，立即走上前询问“先生（女士），我可以为您点菜了吗?”。

（3）接受点菜时，服务员站在顾客的右侧约 30 cm 处，左手持点菜单于身前，右手握笔随时准备记录。记录时不可俯身将点菜单放置于顾客面前的餐台上。

（三）推销菜肴

（1）注意观察，了解需求，主动推荐餐厅的特色菜、时令菜、畅销菜和高档菜，介绍时要做适当的描述和解释，注意分量适中，搭配合理（荤素、味型、营养、颜色与酒水的搭配，价格等），尽量使用建议性、选择性语言使顾客满意，不要强行推销。

（2）如果顾客点了菜单上没有的或已售完的菜品时，要及时与厨房联系，尽量满足顾客的要求，或介绍其他类似的菜肴。

（3）顾客所点菜肴重复时，要及时提醒顾客。

（4）顾客点鱼、虾等海鲜时，应征求顾客对鱼虾的质量要求或主动建议适当的质量。

（5）如果顾客点了需要烹制较长时间的菜肴时，要主动向顾客说明，告知等待时间，调整出菜顺序。

（6）如顾客需要赶时间，服务人员应主动推荐一些快捷、易做的菜肴。

（7）当顾客点菜时，身体略向前倾，站姿要美观大方、认真倾听，迅速而准确地记录。当主人表示客人各自点菜时，点菜员应先从坐在主人右侧的第一位客人开始记录，并站在客人的左侧按逆时针方向依次接受其点菜。

（8）根据顾客所点的菜肴推销酒水。

（四）记录内容

点菜单应一式四联：第一联交收银员，第二、三联由收银员盖章交传菜部，第四联由服务员自留或放在顾客餐桌上以备核查。

填写点菜单的要求：

（1）填写清楚台号、日期、用餐人数、开单时间、值台员姓名等信息。

（2）正确填写数量和品名。

（3）若有特殊要求，用笔注明或直接和厨房负责人沟通。

（4）冷菜、热菜和点心分开填写，以便厨房分类准备和操作。

（五）复述确认

顾客点菜完毕时，服务人员必须认真地用清晰的语言重复顾客所点的菜品名称和数量。这是服务人员对顾客负责，对餐厅经营效益负责，更是服务人员对自己的工作负责，也是为顾客点菜规范中绝不可忽视的重要环节。

（六）礼貌致谢

礼貌致谢，复述完毕，服务人员应收回菜单，并向顾客表示感谢："非常感谢，请稍等"，并在菜单上写明上菜或叫菜。

工作二：上菜及分菜服务

（一）中餐上菜服务

1. 概念

服务人员将厨房出品的菜品，按要求摆放到餐桌上。

2. 顺序

上菜顺序为冷菜—热菜—汤—面点—水果。遵循先冷后热、先淡后浓、先咸后甜、先精后粗及先荤后素的原则。中餐上菜的一般顺序是先冷盘，后热炒、大菜、汤，中间穿插面点，最后是水果。

3. 上菜位置

服务人员应站在主人左侧第三、第四位之间上菜，以不打扰客人为宜，但严禁从主人和主宾之间上菜。

4. 上菜程序

上菜时应用右手操作，并用"对不起，打扰一下"提醒顾客注意。将菜放到转台上（放菜时要轻）并顺时针转动转台，将所上的菜转至主宾面前，退后一步，报菜名，如"宫保鸡丁，请品尝"，并伸手示意，声音要洪亮、委婉动听。上每道菜时都要报菜名，视情况做适当介绍。基本程序是上菜至转盘边缘；转动转盘将菜肴轻轻转至主宾处，要保证观赏面朝向主宾；报菜名、介绍菜品；说："请用"并以手势示意；服务人员离开。

5. 上菜时机

（1）零点菜品中第一道凉菜须在 5 min 之内上，第一道热菜须在 10 min 之内

上，全部热菜须在 30 min 之内上齐。

（2）在宴会开始前 15 min 上冷菜。

（3）宴会中第一道热菜须在 10 min 之内上，全部热菜在 40 min 之内上齐。具体上菜时间及速度视顾客的具体要求而定，由服务人员与厨房协调。

（4）当顾客正在讲话或正在互相敬酒时，应稍微停一会，等顾客讲完话后再上菜，不要打扰顾客的进餐气氛。上、撤菜时不能越过顾客头顶。

6. 上菜注意事项

（1）上菜时要注意核对台号、品名，避免上错菜。

（2）有造型的菜肴，应将菜放在转台上，将转台旋转一周，向顾客展示菜肴的造型。

（3）上菜时要做到不推、不拉、不摞、不压，随时留意将大盘换成小盘，菜点剩得较少时可征询顾客的意见，如“先生（小姐），这菜可以给您换一个小盘吗?”；要合并同类菜品时要征询客人的意见，如“这菜可以给您合盘吗?”；已所剩无几的菜可征询客人的意见是否可以撤掉。对不易夹取的菜品放置公用勺。

（4）上新菜时，先清理台面，将新菜转到主人与主宾之间。

（5）冷盘一般应均匀摆放在转台边缘。

（6）菜的荤素、色泽应搭配均匀。

（7）造型菜正面朝向主人，盘饰一律朝向转盘中央。

（8）随着热菜的上桌，要不断将冷盘移至转盘中间。

（9）先上调味品，再将菜端上；每上一道新菜都要转向主宾前面，以示尊重。

（10）如果热菜上整鸭、整鸡、整条鱼时，中国传统的礼貌习惯是“鸡不献头，鸭不献掌，鱼不献脊”，并要主动帮顾客用刀划开、剔骨。

（11）上菜前注意观察菜肴的色泽、新鲜程度，注意有无异常气味，检查菜肴有无灰尘、飞虫等不洁之物。在检查菜肴的卫生情况时，严禁用手翻动或用嘴吹除，必须翻动时，要用消过毒的器具。卫生达不到质量要求的菜要及时退回厨房。

7. 中餐服务中的餐具撤换

较高级的酒席或宴会上往往需要两种以上的酒水饮料，并配有冷、热、海鲜、汤、羹等不同的菜品，这些菜品采用炒、烩、扒、煎等不同的烹饪方法，因此，在宴会进行中需要不断地更换餐具、用具。这样做主要是为了让宴席显得丰盛，提高宴席档次，搞好餐桌卫生，使菜肴不失其色，保持原汁原味，突出特点，提高美观度。

(1) 撤换骨碟：撤换骨碟时要用左手托盘，右手撤换，从第一主宾开始，沿顺时针方向进行。将干净的骨碟从顾客的右侧摆放，然后从顾客的左侧将用过的骨碟撤下。在撤换骨碟时要注意，用过的骨碟和干净的骨碟要严格分开，防止交叉污染。如遇有顾客前一道菜还没有用完，而新菜又上来了，这时可以在顾客面前先放一干净骨碟，等顾客食用完后再撤下前一道骨碟。更换骨碟应根据菜肴的品种而定，如果是高级宴会应是一菜一碟。在一般情况下，餐厅服务人员可视具体情况，灵活掌握，但遇到下列情况时应及时更换骨碟：

① 冷菜换热菜时应更换骨碟。

② 盛过鱼腥味食物，需盛其他类型菜肴时应更换骨碟。

③ 上风味特殊、汁芡各异、调味特别的菜肴时应更换骨碟。

④ 凡盛过甜菜、甜汤的盘和碗，须更换骨碟。

⑤ 骨碟内有洒落的酒水、饮料或异物时应更换。

⑥ 碟内骨刺、残渣较多，影响雅观时应及时更换。

(2) 撤换汤碗、汤匙：在宴会中，汤碗和汤匙盛过汤后，一般碗内难免会留下一定的汤汁，如上第二道汤后，第二道汤再盛进去则会合两味为一味，影响汤的口味，故汤碗、汤匙盛过汤后，如再上第二道汤，则需撤换一副干净的汤碗和汤匙。

(3) 撤换酒具：

① 宴席进行中，如顾客提出更换酒水、饮料时，要及时更换酒具。

② 酒杯中洒落汤汁、异物时要及时更换酒具。

③ 换酒具时，从顾客右侧按顺时针方向进行，将酒具放在正确的位置上。操作时不得使酒杯相互碰撞，以免发出声响，打扰顾客。

(4) 撤换烟灰缸：在宴席进行当中，餐厅服务人员要随时注意烟灰缸的使用情况。高档宴会中，顾客使用的烟灰缸中满两个烟蒂就必须为顾客撤换烟灰缸。在撤换烟灰缸的时候，要注意先把干净的烟灰缸盖在用过的烟灰缸上，并将两个烟灰缸一并撤下，然后再把干净的烟灰缸放在餐桌上，这样可以避免在撤换时烟灰飞扬。撤换烟灰缸与撤换餐碟、汤碗一样，也需要用托盘进行操作。另外，餐后收台时撤烟灰缸应先做防火安全检查，看是否有未熄灭的烟蒂，如有应及时处理；撤烟灰缸应作为一项单独的撤台程序。

(二) 西餐上菜服务

1. 概念

服务人员将厨房出品的菜品，按要求摆放到餐桌上。

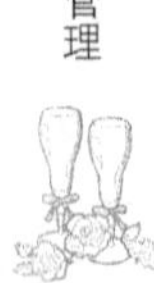

2. 西餐上菜的服务位置及顺序

（1）餐厅员工在提供西餐上菜服务中，总体顺序是先女主宾后男主宾，然后服务主人与一般来宾。

（2）餐厅员工应用左手托盘、右手拿叉匙为顾客提供服务，服务时员工应当站在顾客的左边。

3. 西餐的上菜顺序

（1）面包黄油：餐厅员工应在开餐前 5 min 为顾客送上面包与黄油。先用小方盘装上热的小梭子面包，上面用清洁的口布盖上；再用小圆盘装上黄油，数量与客数相等。然后将黄油刀移放到黄油盅上，在芝士盆的右上角放上黄油，中间放上面包。

（2）果盘：餐厅服务人员为顾客送上果盘时应将果盘端送到顾客的左侧，让顾客自己挑选。

（3）上汤：在西餐中汤有清汤与浓汤之分。清汤又包括热清汤与冷清汤两种。要用热盆放浓汤，从而保持汤的原汁原味。夏天用西餐时一般喝冷清汤，上汤之前首先要将盛放冷清汤的专用杯（带两耳）用冰冻冷。

（4）主菜：食用主菜时要用大菜盆，所以主菜通常又称为大盆。服务人员在为顾客送上主菜的同时还要在大菜盆的前面随送上卤汁和蔬菜，这些配料用半月形的生菜专用盆装盛。

（5）点心：食用冰激凌时，要将匙放到底盆内与冰激凌一道端上去。烩水果的则应为顾客摆上菜匙。食用热点心时，要用中叉与点心匙。

（6）水果：有的西餐服务已事先在台面上摆好了水果盘，作为装饰点缀之用。在这种情况下给顾客上水果时，只要为顾客送水果刀叉、净手盅便可以。如果桌面上并没有事先摆好水果盘，服务人员可以在放上辅助工具之后，为顾客送上准备好的果盘。

（7）咖啡：西餐中早、中、晚餐饮用咖啡的杯子不一样，通常情况下，分别使用大、中、小三种杯子。餐厅服务人员可以在顾客食用水果时就将一套咖啡杯放到顾客的水杯后面。分派咖啡的盘上应当垫上口布，并装上糖钳、牛奶盅、咖啡壶等用品。服务员为顾客斟好咖啡后，应当先将顾客的水果盘与洗手盅收去，然后将咖啡轻移到顾客面前。

4. 西餐服务中的撤盘

撤盘就是在顾客进餐中或餐后收盘、收碗的工作。撤盘有三个基本要求：要为上下一道菜点准备条件；不能损坏餐具；注意礼貌，撤盘不准拖，不要把汤汁洒在顾客身上。撤盘时，要把剩菜剩汤用一个碗或盘装起来，一般在顾客左边进行；摞盘摞碗时，同品种、同规格的盘碗要摞在一起，直径大的放在下面，直径小的摞在上面，圆盘要摞在条盘上，深口的、直口的盘碗要摞在浅口的、平口的盘碗上。

（三）中餐分菜服务

1. 分菜的概念

分菜又称让菜或派菜，是服务人员用分菜叉、分菜勺等工具将餐具中的菜依次分给顾客的服务方式。

2. 分菜的工具及使用方法

分菜工具有分菜刀、叉、勺。分菜叉、勺的用法是，服务人员右手握住叉、勺把的后部，勺心向上，叉的底部向勺心，在夹菜肴和点心时，右手食指插在勺把和叉把之间，与拇指配合捏住叉把，其余三指控制勺把，无名指和小指起稳定作用，中指支撑勺把中部。分带汁的菜时，由位置在下的分菜勺盛汁。

3. 分菜前的准备工作

将菜上桌，待顾客观赏后，征得顾客同意后再分让。将菜盘撤到接手桌，然后左手垫上干净的餐巾将热菜托起；若是长盘，则顺手放于左前臂上，用左手指尖勾住盘底边防止其下滑，右手持分菜叉、勺。

4. 分菜的方法

站在顾客左侧操作，左脚在前、右脚在后成“丁”字步，站立要稳，身体不能倾斜或倚靠顾客，目光与菜盘成一直线；用右手持分菜叉、勺分让，给每位顾客分得的菜量、质量、色彩要搭配均匀。每道菜分完后盘内要略余一份菜左右并换成小盘放在餐桌上，明示菜量富余。

5. 分菜的顺序

由主宾开始，按顺时针方向依次分让。

6. 分菜的注意事项

（1）分菜时要心中有数，使每位顾客都能均匀分到一份，并将菜肴中最优质的部分让给主宾。

（2）分让有卤汁的菜时要带卤汁。

（3）头、尾、残骨等不宜分给顾客。

（4）叉、勺不要在盘上刮出声响。

（5）不能把菜汁、汤滴到桌上或顾客身上。

（6）分菜时动作要协调，速度要快捷。

（7）分菜要一勺准，不可将一勺汤或菜分给两个顾客。

（8）分给一位顾客后，应绕过顾客身体，再为下一位顾客分菜。

（9）为顾客分鱼时征得顾客同意后把菜撤到服务台上，先用分菜刀叉将鱼身上的葱丝等移到鱼头右上方，用叉按住鱼身将鱼头和鱼尾切下；然后用餐刀将鱼沿中线切开，用刀将鱼肉分到两侧，再用叉勺将鱼骨剔出，放于一侧；将分开的鱼肉集中后用勺浇汁，鱼头鱼尾与身体连接，盖上葱丝等；最后将鱼头朝外放置于转盘上，转到主宾处。

知识拓展

一、世界菜肴三大风味体系

（一）东方风味

东方风味以味为核心，以养为目的，以悦目畅爽为满足，讲究博食、熟食、精食、巧食、养食及趣食；现代科学技术含量相对较少，并具有东方农业文明的本质特征。

1. 原料

东方风味主要植根于农、林业经济，以粮、豆、蔬、果等植物性原料为基础，膳食结构中主、副食的界限明显；猪肉在肉食中的比例较高，重视山珍海味和茶酒，喜爱异味和补品（昆虫、花卉、食用菌、野菜）。

2. 组成结构

东方风味的菜肴以中国菜为中心，还包括高丽菜、日本菜、越南菜、泰国菜、新加坡菜等。

3. 饮食特征

东方风味的烹饪方法精细复杂，菜式多、流派多、筵宴款式多，重视菜点的艺术装潢和菜名的文字修辞；医食同源，以传统的中国医药学为指导，强调季节进补与药膳食疗；习惯于圆桌合餐制，讲究席规、酒令及食礼。

（二）西方风味

西方风味重视运用现代科学技术，不断研制新食材、新炊具和新工艺，强调营养卫生，是欧洲现代工业文化的产物。西方风味的餐饮注重宴饮格调和社交礼仪、酒水与菜点配套规范，习惯于长方桌分餐制，餐室富丽，进餐氛围温馨。

1. 原料

西方风味主要植根于牧、渔业经济，以肉、奶、禽、蛋等动物性食材为基础，膳食结构中主、副食界限不分明；牛肉在肉食品中的比例较高，重视黑面包、海水鱼、巧克力、奶酪、咖啡、冷饮与名贵蔬菜，在酒水调制和品饮上有一套完整的规程。

2. 组成结构

西方风味的菜肴以法国菜为主干，以罗宋菜（即俄罗斯菜）和意大利面为两翼，还包括英国菜、德国菜、瑞士菜、希腊菜、波兰菜、芬兰菜、加拿大菜、巴西菜、澳大利亚菜等。

3. 饮食特征

西方风味的烹饪方式较为简练，多烧烤，重料酒，口味以咸甜、酒香为基调，佐以肥浓和清淡，菜式、流派与筵席的款式均不是太多，但是质精、规格高，重视宴饮场合的文化修养，喜好以乐侑食。

（三）阿拉伯风味

阿拉伯风味饮食在选择食料、调理菜点和进食宴客上严格遵循《古兰经》"忌血生，戒外荤""过斋月"的规定，特别讲究膳食卫生、食风严肃、食礼端庄。

1. 原料

阿拉伯风味主要植根于农、林、牧、渔相结合的经济，植物性食材与动物性食材并重，膳食结构较为均衡；羊肉在肉食食品中的比例较高，重视面粉、杂粮、土豆和乳品、茶叶、冷饮；喜好增香佐料和野菜，不尚珍奇。

2. 组成结构

阿拉伯风味的菜肴主要以土耳其菜点为中心，还包括巴基斯坦菜、印度尼西亚菜、伊朗菜、伊拉克菜、科威特菜、沙特阿拉伯菜、巴基斯坦菜、埃及菜等。

3. 饮食特征

阿拉伯风味的烹饪手法古朴粗犷，长于烤、炸、涮、炖，嗜爱鲜和浓香，要求醇烂与爽口，习惯于席地围坐，铺白布抓食，辅以餐刀片割，待客热情真诚。

二、外国菜肴的相关知识

（一）法国菜

法国一向以烹饪技术著称于世界。法国菜的突出特点是选料广泛。法国菜常选用稀有的名贵原料，如蜗牛、青蛙、鹅肝、黑蘑菇等。用蜗牛和蛙腿做成的菜，是法国菜中的名品，许多外地人为了一饱口福而前往法国。此外，法国人还喜欢用各种野味，如鸽子、鹌鹑、斑鸠、鹿、野兔等做成菜。由于法国菜

选料广泛，品种能按季节及时更换，因而使就餐者对菜肴始终保持着新鲜感，这是法国菜诱人的因素之一。

法国菜对蔬菜的烹调也十分讲究，规定每种菜的配菜不能少于 2 种，而且要求烹法多样，仅土豆就有几十种做法。法国菜中的名菜并不一定全用名贵原料制作，有些极普通的原料经过精心调制，同样可以做成名菜，如著名的“洋葱汤”，所使用的就是极为普通的洋葱。

法国菜的烹调方法很多，几乎包括了西方菜的近 20 种烹调方法。随着人们对菜肴要求的不断变化，法国菜的口味、色彩、调味也在不断发展。法国菜的口味偏于清淡，色泽偏于原色、素色，忌大红大绿，不使用不必要的装饰，追求高雅的格调。汤菜尤其讲究原汁原味，不用有损于色、味、营养的辅助原料。以普通的蔬菜酱汤为例，法国菜的做法是将蔬菜全部打碎成细茸状与汤一起煮，这样能使汤的本味醇正，又能增加汤的浓度。又如番茄酱，在西方菜中作为一种调料，使用比较广泛，但在现代法国菜中，番茄酱用得较少，而是用大量新鲜西红柿用油煸炒后来代替番茄酱，突出了菜的原色、原味。

法国是盛产酒的国家，于是酒就成为法国菜中用于调味的主要用料。香槟酒、红白葡萄酒、朗姆酒、白兰地等都是做菜常用的酒类。不同的菜点用何种酒，都有严格的规定，而且酒的用量较大。因此，无论是菜肴还是点心，闻之香味浓郁，食之醇香沁人。如名菜红酒鸡，仅 1 000 多克光鸡，竟需兑入红葡萄酒及白兰地约 4 500 g，其用量之大由此可见一斑。除了酒类，法国菜里还要加入各种香料，以增加菜肴、点心的香味。可以说，酒类和香料，是组成法国菜的两大重要特色。

最能代表法国风味的菜肴有蜗牛、鹅肝、龙虾、青蛙腿、普罗旺斯鱼汤、斯特拉斯堡的奶油圆蛋糕等。被视为“肉中黄金”的蜗牛营养丰富，极具药用价值。在众多食用蜗牛的国家中，法国蜗牛最有名气。法国人一直将食用蜗牛视为时髦和富裕的象征。每逢喜庆节日，家宴上的第一道冷菜就是蜗牛。

（二）德国菜

德国人喜欢“大块吃肉、大口喝酒”，每人每年的猪肉消耗量为 65 kg，居世界首位。由于偏好猪肉，大部分有名的德国菜都是猪肉制品。烤猪脚就是一道很有特色的菜肴，其做法是选用新鲜上等的猪脚，加入黑胡椒、盐、特殊香料、油等精心腌制，再进行烘烤，并于烘烤过程中加入独特香料，无论是方法还是用料都十分考究，使得烤猪脚品尝起来皮脆香酥、肉质鲜嫩入味，搭配德国酸菜和炒马铃薯，并蘸上芥末酱食用，味道十分可口。在德国的特色食品中，最有名的就是用猪肉制成的各种红肠、香肠及火腿，品种达1 000多种。其中最具特色的“黑森林火腿”，可以切得跟纸一样薄，味道奇香无比，销往世界各地。

在德国，土豆无论是食用数量还是吃法在世界上都首屈一指。德国人一日三餐至少两餐吃土豆。无论是到餐馆吃饭还是到朋友家赴宴，无论是在国宴的餐桌上还是街头快餐店的盘子里，到处可以看到各种用土豆做成的食品，如煮土豆羹、蒸土豆糕、煎土豆饼、调土豆泥、炸土豆条、烤土豆团子等。

面包是德国人一日三餐不可缺少的主食。据统计，德国人每人每年平均吃面包81.5 kg，因此，德国的面包生产在质量和数量上可称得上是世界冠军。德国的面包有用精粉做的，也有用黑麦、燕麦、精粉与杂粮掺和在一起的混合面做的，每天出炉的芳香扑鼻的小面包、角形小面包、“8”字形烘饼和长面包有几百种。德国面包有大面包、小面包之分：大面包可重达1 kg，有20多种，大多是以全麦为基底；小面包指的是不加甜馅的面包，十分适合搭配德国各式各样的果酱、乳酪、火腿或肉片来吃。德国人食用面包时，总是要抹上一层厚厚的奶油，配上干酪和果酱，再加上香肠或火腿一起食用。

（三）意大利菜

意大利菜最注重原料的本质、本色，成品力求保持原汁原味。意大利菜的主要特点是极致简约，多数菜肴都只需4～8种材料就可以完成。意大利厨师更注重材料的品质，而不是烹饪的复杂性。在烹煮过程中，他们非常喜欢用蒜、葱、番茄酱，讲究制作沙司。意大利菜肴对火候极为考究，很多菜肴要求烹制成六、七成熟，而有的则要求鲜嫩带血，米饭、面条和通心粉则要求有一定的硬度。

烹制意大利菜，总是少不了橄榄油、黑橄榄、干白酪、香料、番茄与马沙拉（Marsala）白葡萄酒。这六种食材是意大利菜肴料理的灵魂，也代表了意大利当地所盛产与充分利用的食用原料，因此意大利菜肴能无出其右地被称为“地道与传统”。最常用的蔬菜有西红柿、白菜、胡萝卜、龙须菜、莴苣、土豆等。配菜方面则广泛使用大米，配以肉、牡蛎、乌贼、田鸡、蘑菇等。

奶酪和葡萄酒在意大利美食中有着重要的地位。当然还有咖啡，特别是Espresso（意式浓缩咖啡）更是意大利人日常饮食里不可缺少的。

在世界各地的餐厅都能吃到意大利美食，可是往往意大利人都不满意其他

国家餐厅做出来的意大利菜肴。一个重要的原因就是材料不齐全，在这些国家采购食谱中的地中海特色材料比较困难（或者是这些材料由于需要进口，因此价格昂贵）；另一个原因有些矛盾，就是因为它的简单。通常其他国家的厨师会认为要做出一道美味的菜肴，材料是越多越好，或者是为了不让顾客觉得菜肴不是精心烹制的，因此会忍不住自作主张地加一些材料，使菜肴更丰富，所以一些简单的意大利主食菜肴会被忽略，或者是提供更改加料后的新菜肴。意大利美食的另一个特点是不会重荤轻素，肉类和蔬菜都被认为是同一个层次的材料，可以互相搭配。在很多其他国家的饮食文化里，肉类更重要，一顿没有肉的饭会被认为穷酸，所以这些国家的人在意大利面里都会加肉，甚至会加鸡肉，而在正宗的意大利菜肴里一般不会将鸡肉添加在主食里。

健康也是意大利美食的另一个特点。这主要体现在：第一，意大利菜里面从来不添加化学食品添加剂，通常都会加一些自然的植物香料；第二，做大部分意大利菜都需用文火，甚至是小火，很少有煎炸的菜肴，因此肝脏的负担较小；第三，做意大利菜肴用的是橄榄油，橄榄油在地中海沿岸国家有几千年的历史，在西方被誉为“液体黄金”“植物油皇后”“地中海甘露”，原因就在于其极佳的天然保健功效、美容功效；除此以外，不可缺少的红葡萄酒也有很好的抗氧化和抗癌功效。

（四）韩国菜

由于韩国地处寒冷地区，不宜种菜，所以韩国人特别懂得利用天然环境和发酵技术来保存食物。传统的酱料——黄酱就是利用黄豆发酵而成的，泡菜酱也是韩国的特色食品。

韩国菜肴以“五色”即青、黄、红、白和黑色为主色，以“五味”即甜、辣、咸、苦、酸为味道组合要旨，又以“五辣”即韭菜、大蒜、山蒜、姜和葱作香辣的来源，辣椒和胡椒仅用来提鲜和增辣。韩国菜采用山川野菜或是海滨鲜食入馔，并以五谷为主食，利用色调取悦食客，辅以鲜辣味道引发食欲，再配以特色酱料增加食味。据说韩国餐饮受古代皇宫生活方式的影响，比较注重形式、讲究餐具。可能是泡菜多的缘故，盛泡菜的器皿也就丰富多样——方的、圆的、多层的、单层的、塑料的、陶瓷的……吃饭时常常要用一把大剪刀，吃冷面时剪断长长的面条，吃泡菜时剪泡菜，吃烤肉时剪烤肉。总之，剪刀在用餐时扮演了非常重要的角色。

对于韩国人来讲，泡菜不仅仅是一道小菜，更是一种力量、一种文化的体现。韩国各种关于泡菜的博览会、展示会、研讨会很多。泡菜的吃法也多种多样，有直接食用的，也有烤着吃的，陈年的泡菜则做成汤。在韩国的许多传统家庭中，一坛泡菜的原味卤汁甚至可以传承九代人。真正的韩国泡菜被称为“用母爱腌制出的亲情”，岁月愈久，味道愈浓，以至于韩国人把泡菜的味道称为“妈妈的味道”。也许正是出自对母亲的挚爱和感激之情，韩国人才把泡菜称作“孝子产品”。

韩国拌饭是韩国料理中的又一特色，其中“石锅拌饭”是韩国独有的美食。“石锅拌饭”是把黄豆芽等蔬菜、肉类、鸡蛋（生鸡蛋）和各种佐料放在白米饭上，然后盛在滚烫的石锅内，再加上韩国辣椒酱，搅拌后食用，其不但味道鲜美，而且形式独特。由于石锅很烫，碗底会留下一层锅巴，因为有多种材料的混合，锅巴更是好吃无比。

韩国素以烧烤闻名于世，韩国烧烤的原料主要是猪肉、牛肉和羊肉。做法是将肉放在炭火上的烤盘上，烤制时肉先用油浸一下，在烤盘上抹一遍动物油脂，这样烤制时肉与烤盘就不会粘连。烤熟后，将烤肉蘸些葱丝、麻油和韩国酱料，再用生菜将熟肉、菜和酱料包起来，这样荤素搭配，味道美极了。

韩国人有一日四餐的饮食习惯，分别安排在早上、中午、傍晚、夜晚。韩国饮食的主要特点是高蛋白、多蔬菜、喜清淡、忌油腻，味觉以凉辣为主。韩国人自古以来把米饭当作主食，菜肴以炖煮和烤制为主，基本上不做炒菜。大多数韩国人喜欢吃面条、牛肉、鸡肉和狗肉，不喜欢吃馒头、羊肉和鸭肉。

（五）土耳其菜

在土耳其“梅泽”是前菜的意思，种类繁多，可以是鱼类、肉类，也可以是蔬菜，相当于中餐的凉菜。正宗的土耳其餐一般从前菜开始，有土耳其奶酪、腌橄榄、腌红柿子椒、茄泥、土豆泥、蕨菜、芸豆、腌小章鱼和虾仁等。餐馆里，服务员会推着满满一餐车前菜送到各个餐桌前，供食客挑选。

烧烤是土耳其人的主要饮食方式。在他们眼中，无物不可烤，无烤不成食，例如烤肉饼、烤羊肋、鸡排、肉串，还有烤番茄、青椒、洋葱，数不胜数。著名的土耳其转烤是将一块块羊肉或鸡肉穿在铁扦子上，压紧压实，转着慢慢烤，烤熟了的肉用一把锋利的长条刀一片一片削下来，放在炒米饭或饼上，再浇上特制的番茄汁和橄榄油，这就是令人垂涎欲滴的伊斯肯德尔烤肉。在土耳其吃烤肉，一定不要错过安卡拉羊排，羊肉骨头带着油脂，烤成金黄色，咬一口肥而不腻，齿颊留香。在土耳其，各种烤肉料理都叫作“卡八”，但最有名的叫“多纳卡八”，就是“回旋式”烤肉的意思。“考夫特”肉饼俗称土耳其汉堡，肉美汁香。

土耳其盛产蜂蜜，很多甜点是由蜂蜜制作而成的，像糖浸南瓜、土耳其“拔丝”饼等，甘甜可口，味道独特。

（六）印度菜

印度美食是全世界最复杂、花样最多的食物种类之一，目前仅有少数印度食物为外国食客所熟知。印度食物共分3类，即南部食物、东部食物和西部食物。多数印度美食都为素食，但许多菜肴中也会有羔羊肉、山羊肉、鸡肉和鱼肉。印度食物一般比较辛辣，似乎只有这样才能使人享受食物的美味。吃印度菜一般不需要餐具，直接坐在地板上吃就可以了。当然，在欧美地区的印度餐馆中，这种饮食风俗已经开始发生变化。

印度菜主要以咖喱闻名，在咖喱和鱼肉、各种菜等不同的食物中调和多种香料，既不掩盖食物本身的天然滋味，又有浓郁的香味。咖喱羊肉、酥炸鲜蔬等都是较普遍的印度佳肴。据说，印度菜所放调料之多，恐怕是世界之最。另外，印度奶茶及饭后甜点也极具地方特色。

三、西餐服务方式

（一）法式服务

法式服务用于法国餐厅，即扒房。餐具常采用高质量的瓷器和银器，酒具常采用水晶杯。通常采用手推车或在旁桌现场为顾客提供食物加热、调味及切割菜肴等服务方式。在法式服务中，服务台的准备工作很重要，通常在营业前要做好服务台的一切准备工作。法式服务注重服务程序和礼节礼貌，注重服务表演，注重吸引顾客的注意力，要求服务周到，每位顾客都能得到充分的照顾。但是，法式服务节奏缓慢，需要较多的人力，用餐费用高。法式服务由两名服务员共同为一桌顾客服务，其中一名为经验丰富的正服务员；另一名是助理服务员，也可称为服务员助手。

（二）俄式服务

俄式服务是西餐普遍采用的一种服务方法。俄式服务中，每一个餐桌只需要一名服务员，服务的方式简单快速，服务时不需要较大的空间，因此，服务的效率和餐厅空间的利用率都比较高。由于俄式服务使用了大量的银器，并且服务员将菜肴分给每一个顾客，每一位顾客都能感觉得到了尊重和周到的服务。

（三）美式服务

美式服务是简单、快捷的餐饮服务方式，一名服务员可以服务数张餐台。美式服务简单、快速，餐具和人工成本都比较低，空间利用率及餐位周转率都比较高。美式服务是西餐零点和西餐宴会理想的服务方式，广泛用于咖啡厅和西餐宴会厅。

在美式服务中，热菜要盖上盖子，并且在顾客面前打开盘盖。传统的美式服务中，上菜时服务员在顾客左侧，用左手从顾客左边送上菜肴；从顾客右侧撤掉用过的餐盘和餐具，从顾客右侧斟倒酒水。目前，许多餐厅的美式上菜服务从顾客的右侧、按右手顺时针进行。

（四）英式服务

服务员从厨房将烹制好的菜肴送到餐厅，由顾客中的主人亲自动手切肉装盘，并配上蔬菜，服务员再把装盘的菜肴依次端送给每一位客人。调味品、沙司和配菜都摆放在餐桌上，由顾客自取或相互传递。英式服务家庭的氛围很浓，服务工作由顾客自己动手，用餐的节奏较缓慢。

四、点菜常用英语

（1）Good morning，are you ready to order now，sir? 早上好先生，您现在点菜吗?

（2）Would you like something to drink before your meal? 用餐前您是否想要点饮料?

（3）What brand of gin would you prefer? 您喜欢哪种牌子的金酒?

（4）Would you like to order now，sir? 先生，您想现在点菜吗?

（5）Would you like to order now? 您现在点菜吗?

（6）Have you decided on anything? 您决定吃什么了吗?

（7）Would you like something to drink? 您想喝点什么?

（8）Would you like some appetizers before lunch? 午饭前您想吃点开胃的东西吗?

（9）We've got ... today. 我们今天有……

（10）Today's special is ... 今天的特色菜是……

（11）Everything is a la carte. 这里只能点菜，没有套餐。

（12）We have a buffet. You can have all you want for $10. 我们有自助餐，您交 10 美元可以吃所有食物。

（13）That's served with a roll and pickle. 还有面包和泡菜。

（14）I'm sorry，there is no chop left. 对不起，没有排骨了。

（15）I'm sorry，we haven't got any more lobster today. Maybe you would like to have it tomorrow. 对不起，今天的大虾已经卖完了，也许您明天愿意再来吃。

（16） I'm afraid that this vegetable is not in season. Would you like to try something else? 抱歉，恐怕现在不是生长这种菜的季节。您是不是吃点别的什么?

（17） How would you like the eggs? 您喜欢几成熟的鸡蛋?

（18） How would you like the steak done，well done，medium or rare? 您喜欢几成熟的牛排? 熟透的、适中的，还是半生的?

（19） Perhaps you would like some BBQ. 也许您想吃点烤肉。

（20） I would recommend this dish to you. It is very good. 我想向您推荐这道菜，味道非常好。

（21） How about trying some …，perhaps you would like it? 您是不是尝一尝……,或许您会喜欢这道菜呢?

（22） May I suggest …？It's very tasty. 我建议您吃……这道菜味道很好。

（23） I'm sure you will enjoy it. 我肯定您会喜欢它的。

（24） I hear it is very good，perhaps you would like to try some. 我听说很好吃，也许您想来点尝尝。

（25） If I were you，I'd have the veal. It's our specialty. 如果是我的话，我会想要小牛肉，因为这是我们这里的特色菜。

（26） What would you like with veal? 小牛肉您喜欢配点什么?

（27） Mao Tai is well-known in the world. It's produced in Guizhou province. You might be interested. 茅台酒誉满全球，是贵州生产的，您可能会感兴趣的。

（28） I'm sorry. There aren't any vacant table. I can arrange for you if you don't mind sharing a table with the lady. 对不起，这里已经没有空桌了。如果您不介意的话，我可以安排您与那边的女士同坐一桌。

（29） Do you mind if others share the table with you? 您是否介意别人和您同坐一桌?

（30） Would you please write down your room number? I will give you a ring when we have a vacant table. 请写下您的房号，有了空桌我马上给您打电话。

（31） The ice-water here is safe to drink. What would you like to order，madam? 这里的冰水是可以安全饮用的，夫人，您想订些什么?

（32） Do you want cooked or dry cereal? 你是要热的粥还是现成的粥?

（33） We have reserved three tables for your tour group from table No. 16 to 18. 我们为您的旅游团预订了三张桌子，从 16 号桌到 18 号桌。

(34) How much will you pay for each person? 每个人准备花多少钱?

(35) Is there anything that needs improvement? 有什么需要改进的吗?

(36) Can you tell me something about the food served here? 你能给我介绍一下这里的风味吗?

(37) Will you look at the menu for the group to see whether you want to add or change anything? 请您看看这个团队的菜单，看是否还需要添点什么或调换些什么吗?

(38) Would you like Chinese food or western food? 你们喜欢中餐还是西餐?

(39) Sorry, it takes some time for this dish. Could you wait a little bit longer? 对不起，这道菜需要一段时间，您介意稍微多等一会吗?

(40) I'm sorry. That dish is not available now. 真对不起，这个品种卖完了。

(41) All right. I'll contact the cook and make you satisfied. 好的，我跟厨师联系一下，会使您满意的。

(42) Can I arrange a snack for you if time is pressing for you? 如果您赶时间的话，我给您安排一份快餐好吗?

(43) Would you mind serving now? 现在上菜好吗?

(44) Pardon me, I've made a mistake about your dish. 请原谅，我把您的菜搞错了。

(45) Sorry, I'll let you know when I make it sure. 对不起，我问清楚马上就告诉您。

(46) Anything else would you like? 您想再要点别的吗?

(47) Would you like to have some fruit? 您想来点水果吗?

(48) What kind of vegetable would you like? We have a choice of fresh asparagus, green beans, spinach and grilled tomatoes. 您想要哪种蔬菜? 我们有新鲜的芦笋、豆角、菠菜和烤熟的番茄供您选择。

(49) We offer European breakfast, American breakfast, which one do you prefer? 我们这提供欧陆式早餐、美式早餐，您喜欢哪一种?

(50) A variety of fruit juices are served here. We have tomato juice, orange juice, grapefruit juice and pineapple juice. 这里供应各种水果汁，有番茄汁、橙汁、葡萄汁、菠萝汁。

(51) We serve toast, rye bread, croissant and Danish pastries. Which do you prefer? 我们有吐司、黑面包、牛角包、丹麦点心等，您要哪一种?

（52）Breakfast contains boiled eggs，scrambled，fried or poached eggs. What is your preference? 早餐包括煮蛋、炒蛋、煎蛋，您要哪一种？

（53）We serve a variety of fruit，banana，litchi，pineapple，pear，watermelon，apple and orange. Which would you like? 我们有香蕉、荔枝、菠萝、梨子、西瓜、苹果、橙子等各种水果，您喜欢哪一种？

（54）We serve hot drinks：hot chocolate，coffee，tea，hot milk and cocoa. What is your preference? 我们提供各种热饮：热巧克力、咖啡、茶、热牛奶、可可，您要哪种？

（55）We provide Scotch whisky，Irish whisky，Canadian whisky and American whisky. Which do you prefer? 我们的威士忌有苏格兰的、爱尔兰的、加拿大的、美国的，您要哪种？

（56）We serve different wines from France，Italy，Germany，Australia and America. What is your preference? 我们提供各国葡萄酒，有法国的、意大利的、德国的、澳大利亚的和美国的，您要哪种？

（57）We serve these beers，San Miguel，Carlsberg，Lowenbrau，Sun Tory，Blue Ribbon and Five Star. Which do you prefer? 我们有各种啤酒，生力啤、嘉士伯、卢云堡、三得力、蓝带和五星，您要哪种？

（58）We provide a set-menu dinner，buffet，barbeque or cocktail party. What is your preference? 我们提供西餐套餐、自主餐、烧烤、鸡尾酒会，您要哪种？

五、食物和药物同食禁忌

（1）阿司匹林与酒：饮酒后服用阿司匹林，会加重发热和全身疼痛，还容易引起肝损伤。

（2）黄连素（小檗碱）与茶：茶水含有鞣质，在体内易被分解成鞣酸，而鞣酸会使黄连素中的生物碱沉淀，降低黄连素的药效。

（3）布洛芬与咖啡：布洛芬对胃黏膜有刺激，咖啡中的咖啡因和可乐中的古柯碱（可卡因）则会刺激胃酸分泌，加重布洛芬对胃黏膜的副作用，甚至诱发胃出血、胃穿孔。

（4）抗生素与牛奶、果汁：牛奶会降低抗生素活性，使药效无法充分发挥；果汁（尤其是新鲜果汁）不仅降低药效，还可能增加毒副作用。

（5）钙片与菠菜：菠菜含有草酸钾，进入体内后妨碍人体钙吸收，还容易生成草酸钙结石。

（6）抗过敏药与肉制品：服用抗过敏药期间忌食奶酪、肉制品等食物，否则会诱发头晕、头痛、心慌等不适症状。

（7）止泻药与牛奶：服止泻药不能饮用牛奶，因为牛奶不仅会降低止泻药的药效，其含有的乳糖还容易加重腹泻。

（8）利尿剂与香蕉、橘子：服利尿剂期间，钾会在血液中滞留，如果食用富含钾的香蕉、橘子，体内钾蓄积过量，易诱发心脏、血压方面的并发症。

（9）降压药与西柚汁：服降压药时饮用西柚汁，容易造成血液药物浓度过高，引起不良反应。

实战演练

在学徒制酒店进行点菜、上菜及分菜服务。

按百分制计分，考察整个过程的连贯性和完整性。具体技能评判见表3-2。

表3-2　技能评判表

考核项目	分值	扣分	得分
点菜前的准备工作	10		
接受点菜	20		
推销菜肴	20		
记录内容	10		
复述确认	10		
特殊要求处理	20		
礼貌致谢	10		
合计	100		

任务三　服务中常见问题的处理

学习目标

知识目标：掌握不同类型顾客的服务接待。

技能目标：能妥善处理顾客的投诉

学习重点、难点

重点：妥善处理客人的投诉。

难点：处理客人的投诉。

案例导入

你们刚才点的就是这道菜

一天，赵先生在酒店的中餐厅请客户吃饭。点菜时，有一位客户点了一道“白灼基围虾”，但记菜名的服务员没注意听，把它误写为“美极基围虾”。当菜端上来以后，赵先生感到很奇怪，立即把服务员叫来：“小姐，我们要的是‘白灼基围虾’，这道菜你上错了，请你赶快给我们换一下。”

服务员一听不乐意了，辩解说：“刚才这位先生点的就是‘美极基围虾’，肯定没错，不信把菜单拿来核对一下。”她的话引得点这道菜的客户很不高兴，赵先生的脸也沉下来了，说：“请小姐把点菜单拿来给我们看一下吧。要是你错了，得赶快给我们换。”

服务员过去拿来点菜单，赵先生等人一看，上面果然写的是“美极基围虾”。这一下，大家都感到奇怪了。刚才那位客户明明说的是“白灼基围虾”，大家都听得很清楚，但现在怎么就成了“美极”呢?

那位服务员心里知道，自己当时一定是走神了，根本就没听清楚到底是“白灼”还是“美极”，但想到点“美极基围虾”这道菜的人多，于是想当然地就记成“美极”了。可是她害怕赔偿，怎么也不肯主动承认是自己记错了。这时候，赵先生请的那位客户实在坐不住了，他有些气愤地说：“把你们经理叫来，我有话对他（她）说。”

服务员极不情愿地叫来了经理。这位经理大概已经听服务员汇报了情况，他走过来后便说：“不好意思，你们刚才点的就是这道菜。我们店的服务员都是经过严格考核和培训的，记忆力都很好，在顾客点菜时会如实地记下每一道菜名。”

大家本以为这位经理会过来赔礼道歉，把菜给换了，但没想到他居然会说出这样的话。经理这番话的意思很明显：不是店方错了，而是赵先生等顾客错了。事情到这种地步，完全没有回旋的余地了。客户愤怒地拂袖而起，说道：“好吧，请你赶快给我们结账吧！”赵先生见此情景，也觉得很是尴尬，劝也不是，不劝也不是。愣了一会之后，他才赶忙对那位客户赔不是：“真对不起，请原谅！以后再也不到这种餐厅来吃饭了！”

[评析]

(1) 在发生类似的顾客投诉时，服务人员要多站在顾客的立场为其设想，树立“顾客至上”的意识。只有服务人员的服务使顾客满意，餐厅才能有长远的生意，对服务人员个人才会有长远的帮助。所以店方出错时应首先诚恳认错，然后承诺马上给顾客换成“白灼基围虾”，再报告上级，承认错误。

(2) 如服务人员没有做到位，经理出来面对顾客时也应如此处理，并可以根据顾客的反应给予顾客该道菜打折、全单打折或送果盘的优惠。

(3) 应关注餐厅的员工素质和服务素质，加强培训，采取适当的奖惩措施，防止以后再发生气走顾客的事件。

[处理结果]

(1) 餐厅经理出面赔礼道歉，把“美极基围虾”撤掉，让厨房马上做“白灼基围虾”，给顾客换上。送上水果盘，并优惠打折以示歉意。

(2) 让犯错误的服务员赔偿撤掉的“美极基围虾”。

(3) 以此事为教训，培训全体员工，务求所有员工提高顾客服务意识。

任务布置

处理客人的投诉。

相关知识

一、投诉的概念

投诉是指顾客对服务工作、设备、设施有不满之处而提出意见和建议，一般分为电话投诉、书面投诉和当面投诉。

二、投诉的原因（动机）

（1）迎宾出言不逊，顾客在餐厅门口无人接待。

（2）顾客落座后无人理会。

（3）服务人员服务态度令顾客不满意。

（4）食品或饮料服务不及时或过快。

（5）食品与饮料质量不佳。

（6）服务人员招呼疏漏。

（7）买单时等候太久。

三、处理顾客投诉的目的

（1）扩大声誉，使顾客以后能再来，并吸引潜在顾客，增加盈利。

（2）消除顾客不满情绪。

（3）了解发生问题的实质，以便改善管理服务和设施。

（4）避免类似问题再次发生。

四、处理投诉的原则

掌握本部门所制定的具体规定，在不违反原则的前提下，做到灵活、冷静地处理顾客投诉。

五、处理客人投诉的方法及程序

（1）承认顾客投诉的事实。如有可能，处理投诉时，让顾客与接待人员单独交谈，以免影响其他顾客，以示对顾客的尊重及对问题的重视。

（2）与顾客交流感情，站在顾客的角度看问题，理解顾客的心情和处境，表示对顾客的同情与歉意。

（3）把注意力集中在投诉的问题上。对顾客的投诉应表示专注，不要分心离题。如果在工作，必须暂停手中的事，将注意力集中在投诉问题上，同时不要计较顾客的其他方面。

（4）感谢顾客的批评和指教。在了解顾客反映的情况以后，对顾客所提意见表示感谢，并告之酒店会采取措施。如有可能，提出可以选择的解决方法；不要超越本身职责范围权限，向顾客许诺不可能实现的事。

（5）告之顾客何时采取纠正行动，时间要具体，但不要低估解决问题需要花费的时间。

（6）落实监督，检查解决顾客投诉问题的具体措施，采取行动后继续与顾客保持联系，了解顾客对投诉的处理反应，同时将整个投诉时间及采取的措施、结果，完整地向有关方面报告，以便不断改进服务工作。

六、处理投诉的注意事项

（1）不要消极地抱怨任何人，不要消极地对待顾客的投诉。如压制顾客、坚持己见、指责同事、置之不理或与顾客争执，对工作极为不利，还会造成不良影响和后果。

（2）不要压制顾客，否则会使某些顾客想要解决的问题无法表达，从而很难达到投诉的目的。

（3）不要将顾客的抱怨看成是对服务人员个人的指责。

（4）不要责备其他部门的同事，了解哪个部门能解决问题才是最重要的。如果指责其他部门，特别是在顾客面前指责，会给酒店造成不良的影响。

（5）不要责备顾客，更不能与他们争吵，重点是如何解决问题，尽力满足顾客。

（6）要去解决困难，不要让其他顾客遇到同样的麻烦，并且在顾客离开酒店前满足他们的合理要求。

（7）酒店向顾客提供优质服务与处理好顾客的投诉有着同等的价值，二者都是酒店赢得未来的客源市场、财源和社会名声的主要方面，且均为酒店管理的重要方面。

任务实施

步骤一　接受投诉

（1）遇到投诉时须礼貌、耐心地接待顾客。

（2）表示出对顾客投诉的关心，使顾客平静下来。

（3）认真倾听或向顾客了解投诉的原因。

（4）真诚地向顾客致歉，并正面回答顾客的问题，不允许同顾客发生争执。

（5）不得进行推卸责任式的解释。

步骤二　处理投诉

（1）了解顾客最初的需求和问题的症结所在。

（2）找有关人员进行查询，了解实际情况。

（3）积极寻求解决办法，尽量满足顾客的要求。

（4）与顾客共同协商解决办法，不得强迫顾客接受。

（5）按协商后双方认可的办法解决问题。

（6）向顾客道歉。

步骤三 善后处理

（1）问题解决后，再次向顾客致歉。

（2）将投诉的原因和解决办法进行简单的记录，上报餐厅经理。

知识拓展

一、特殊顾客的服务

（一）醉酒顾客

在餐厅吃饭，经常有一些醉酒的顾客，有的趴在桌上酣睡，有的不受控制地高声叫喊，有的甚至发酒疯、摔餐具、骂人、打人。面对这种局面，服务人员应该做到：

（1）提醒已经醉酒的顾客及在座的其他顾客：适量饮酒，注意身体。

（2）给醉酒顾客端来糖水、茶水解酒。餐厅也可备些解酒药，为顾客提供贴心周到的服务。

（3）顾客来不及上洗手间呕吐的，服务人员不能表现出不耐烦或厌恶，做出皱眉、黑着脸等容易激怒顾客的动作和表情，而是要赶紧清理移物。

（4）建议呕吐的顾客吃些面条、稀饭等容易入口的软食。

（5）如果顾客发酒疯，应请在座的其他顾客进行劝阻，使其安静下来。

（6）如果顾客醉酒打烂了餐具，应清点后让顾客照价赔偿。

（7）发现醉酒顾客出现呼吸困难等紧急状况，应立刻拨打120求救或将其送往医院。

（二）残疾顾客

残疾人最怕别人用异样的眼光看待他们。作为餐饮服务人员，绝不能用异样的眼光盯着残疾顾客，而是要用平等、礼貌、热情、专业的态度为他们服务，尽量将他们安排在不受打扰的位置。

1. 盲人顾客

因为盲人顾客看不见，服务人员应给予便利，具体做法如下：

（1）为顾客读菜单，对菜品给予必要的解释；同时，在交谈时，避免使用带色彩性的词。

（2）每次服务前，先礼貌地提醒一声，以免顾客突然的动作使自己躲避不及，造成意外发生。

（3）菜品上桌后，要告诉顾客所点菜的摆放位置，不可帮助顾客用手触摸以判断菜品摆放的位置。

（4）顾客结账时，不要帮他掏钱，钱币上有盲文，顾客自己会分辨出钱币的币值。

2. 肢体残疾顾客

（1）将顾客安排在角落、墙边等有遮挡面的、能够遮挡其残疾部位的座位上。

（2）帮助顾客收起代步工具，需要时帮助顾客脱掉外衣。

（3）顾客需要上洗手间时，要帮助顾客坐上残疾车，将顾客推至洗手间外。如果需要再进一步的服务，请与顾客同性的服务人员继续为其服务。

（三）AA 制顾客

越来越多的人接受 AA 制，对此，餐饮服务人员应该有所准备并有效服务。一般的 AA 制是餐后先由一人结账，再各自平摊所需费用，这种 AA 制通常由顾客自己私下解决，对餐厅的服务工作并无特别要求。但对于各自点餐、各自结账的顾客，服务人员需做到如下几点：

（1）首先从主宾或女宾开始按顺时针方向逐位服务。每写好一份菜单，要注意记录顾客的姓氏、性别、特征、座位标志等。

（2）将菜单交给负责上菜的楼面服务员、厨房、收银台、传菜部。

（3）顾客需要添加食物或酒水时，在其账单上做好相应的记录。

（4）结账时最好由负责点菜的服务人员负责，以降低出错的概率。

（四）就餐赶时间的顾客

服务这类顾客的关键是要问清楚顾客能在餐厅待多长时间，对顾客的口味、预计用餐的价格等可不了解。

当顾客不熟悉本餐厅菜点时，服务人员应热情、形象地推介，激起顾客的好奇心，促使顾客下决心点菜尝试。

顾客下单后，服务人员要注意菜点的上桌速度。对于赶时间的顾客，在下单时要做特别标注，提醒厨房优先出菜。

（五）有要事谈的顾客

对此类顾客的服务应周到、殷勤，但也要看场合，要懂得察言观色，如果

发现顾客有要事谈，就不要过多地干扰他们。

(1) 遇到要求坐在餐厅偏僻座位、角落座位或厅房的顾客，多数是想在安静的环境洽谈，不希望受太多干扰。

(2) 如果顾客表现得乐于攀谈，服务人员可以与之进行适当交流，使顾客觉得餐厅服务人员待客热情。

(3) 如果顾客落座后显得比较兴奋和急于与同来的顾客谈话，服务人员则应微笑、安静地为他们服务，然后礼貌地退出。

(4) 再进行服务时，也应安静地进行。如需提醒顾客点菜或有事要向顾客说明，应在顾客讲完话后礼貌地插话："很对不起，先生（女士），打搅一下好吗？现在已经快中午一点了，能不能请你们先把菜点好再接着谈？""对不起，打搅了。你们点的菜原料不够，可以请你们另外再点一道菜作替换吗？"

(5) 等事情得到解决时，服务人员还要再道歉一次才可退出："谢谢你们的理解。打搅了大家的谈兴，实在抱歉。现在请大家继续尽兴。"

(六) 损坏餐具的顾客

绝大多数用餐顾客在餐厅损坏餐具或用具是因为不小心，对待这种情况，具体做法如下：

(1) 要先收拾干净破损的餐、用具。

(2) 服务人员要对顾客的失误表示理解，不要指责或批评顾客，使顾客难堪。

(3) 要视情况，同时根据餐厅有关财产的规定，决定顾客是否需要赔偿。

如果是一般的消耗性物品，可以告诉顾客不需要赔偿了。如果是较为高档的餐、用具，需要赔偿的话，服务人员要在合适的时机用合适的方式告诉顾客，然后在结账时一起计算收款，要讲明具体赔偿金额，并开出正式的现金收据。

(七) 就餐吵闹的孩子

孩子天性好动，对新事物充满好奇，而且很容易与其他就餐的小孩玩在一块。在对待孩子的服务中，服务人员应该耐心、细致，并给孩子的父母提供方便。具体的处理方法如下：

(1) 对待孩子要用激励、友好、耐心、富有吸引力和稍带命令的话语。

(2) 对待孩子的父母，要夸奖其孩子聪明、活泼，转而再用提醒的语气请他们协助将孩子带回座位上，并请家长看管好自己的孩子，不要让他们乱跑。

(3) 不要将易破和易碎的玻璃杯、滚烫的食品、尖锐的利器放在孩子面前，以防发生意外。

(4) 如果未征得孩子父母的同意，不要抚摸孩子的脸部、头部，也不要抱孩子和给孩子东西吃。

(八) 在餐厅跌倒的顾客

顾客在餐厅跌倒，服务人员应主动上前扶起，安置顾客暂时休息，细心询问顾客有无摔伤，严重的马上与医院联系，采取措施。事后检查原因，引以为鉴并及时汇报，做好登记，以备查询。

二、餐厅自身引起的问题处理

(一) 顾客要求取消等了很久却没上的菜

顾客催菜是个常见的问题。遇到这种情况，首先要道歉，再查看点菜单和桌上摆放着的菜品，确定无误后，马上通知传菜员或自己到厨房查对、催促。若顾客要求退掉该菜，应赶紧去厨房查问这道菜是否已做好。如果是即将做好的，要回去跟顾客解释，并告诉他们菜很快就上，请他们稍等，并为此再次道歉；如果菜还没做，则应向主管报告，同意顾客的取消要求。

(二) 餐厅客满

(1) 如果座位已满，应礼貌地告诉顾客："先生（女士），对不起，现在已经没有座位了。请您在休息处稍等一会儿好吗？一有顾客结账离开，我会马上告诉您的。"

(2) 人多的情况下，要给等候的顾客排等位号并做好登记。不要让先来的顾客后得到座位，而后来的顾客却先得到座位；否则一定会引起顾客的不满，把顾客赶跑，同时也显得餐厅管理散乱。

(3) 为等位的顾客送上茶水和报刊，以转移顾客的注意力。

(4) 有座位提供时，不要急于将顾客引进餐厅，应等服务人员将桌子收拾好、摆好台，再请顾客入座。否则顾客看到狼藉的杯盘，还要等候服务人员重新摆台，一定会影响就餐情绪。

(5) 如果顾客没有时间久等，应向顾客介绍厨房可快速做好的食品，请顾客将食品打包："我们餐厅有几款味道不错的菜点，可让厨房尽快做出来让您打包。不知您是否愿意试一试呢？"同时，要对这种提议表示道歉："实在不好意思，因为今天来的顾客特别多，一下子不能为您解决座位，请您原谅我的这种提议。"

(6) 给顾客奉上餐厅的订座名片，请顾客下次提早预订。

（7）将顾客送到餐厅门口，道别：“先生（女士）慢走！欢迎您下次光临。”

（三）顾客点了菜单上没有的菜

如果顾客点的是菜单上没有的菜式，应请顾客稍候，向厨房询问是否有所需的原料和配料、出品的质量能否保证、出品的时间会否太长等，然后再向顾客做解释，请顾客自己决定或者向顾客做相应的推介。

比如菜单上有西兰花炒鲜鱿和辣椒炒牛肉，那么顾客点西兰花炒牛肉便没有问题。

（四）突然停电事故

营业期间如遇到突然停电，服务人员要保持镇静，首先要稳定顾客的情绪，请顾客不必惊慌；然后立即开启应急灯，或是为顾客点燃备用蜡烛，说服顾客不要离开自己的座位，继续进餐。

马上与有关部门取得联系，搞清楚断电的原因。如果是餐厅供电设备出现了问题，就要立即派人检查修理，在尽可能短的时间内恢复供电。如果是地区停电，或是其他一时不能解决的问题，应采取相应的对策。对在餐厅用餐的顾客要继续提供服务，并向顾客表示歉意，暂不接待新来的顾客。

在平时，餐厅里的备用蜡烛应该放在固定的位置，方便取用。如备有应急灯，应该在平时定期检查插头、开关、灯泡是否能正常工作。

三、餐厅服务人员所引起问题的处理

（一）菜、汤汁溅到顾客身上

菜汁、汤汁、酒水溅到顾客身上往往是由服务人员操作不小心或违反操作规程所致。在处理这种事件时应做到：

首先要诚恳地向顾客道歉，然后用干净的湿毛巾为顾客擦拭衣物上的污渍；如是女顾客，应由女服务人员为其擦拭。

如果衣物上的污渍面积较大，难以擦拭掉，应征得顾客同意，将餐厅备用的干净衣服给顾客换上，把脏衣服留下按下列方式处理：

（1）油渍：用清洁剂和热水将弄脏的衣物浸泡半个小时后，再搓洗干净。

（2）茶渍、咖啡渍：尽快将衣物浸泡在冷水里，即可用一般的方法清洗。

（3）红酒酒渍：衣物入水前，将白酒或酒精倒在红酒渍上，再将衣物放入较热的清水中清洗。

除以上方法外，也可将衣物送到专业的清洗部门进行清洗。

衣服洗净、熨平后，由餐厅主管亲自给顾客打电话联系送衣地点。带上由餐厅经理签名的致歉函，把衣物送到顾客手中。

（二）结账时顾客反映账单不对时的处理

结账工作是整个接待工作中重要的一环，应把这一工作做好，让顾客高兴而来、满意而归，使整个接待工作更加完美。要认真检查顾客的账单，如发现差错及时纠正。有时账单上的实际费用会高出顾客的预算，当顾客表示怀疑，应予以耐心的解释。

四、优秀服务人员的礼貌用语

（一）感同身受

（1）我能理解。

（2）我非常理解您的心情。

（3）我理解您为什么会生气，换成是我，我也会有跟您一样的感受。

（4）请您不要着急，我非常理解您的心情，我们一定会竭尽全力为您解决问题。

（5）如果我碰到这么多麻烦，也会是您现在这样的心情。

（6）发生这样的事，给您带来不便了，不过我们应该积极面对，对吗？

（7）没错，如果我碰到这么多的麻烦，我也会感到很委屈。

（8）我非常理解您的心情，请放心，我们一定会查证清楚，给您一个满意的答复。

（9）我真的很能理解，请放心，我们一定查证清楚，然后给您回复。

（10）听得出来您很着急。

（11）感觉到您有些担心。

（12）我能感觉到您很生气，让我来给您提供其他建议，您看好吗？

（13）我能感受到您的失望，我可以帮助您的是……

（14）我能感受得到，××情况、业务给您带来了不必要的麻烦。

（二）被重视

（1）先生，您都是我们××年的顾客了。

（2）您都是长期支持我们的老顾客了。

（3）您对我们的业务这么熟，肯定是我们的老顾客了，不好意思，我们出现这样的失误，太抱歉了。

（4）先生（女士），很抱歉之前的服务让您有不好的感受，我们对于顾客的意见是非常重视的，我们会将您说的情况尽快反映给相关部门，并积极改进。

（三）用“我”代替“您”

（1）“您把我搞糊涂了。”换成“我不太明白，能否再重复下您的问题?”。

（2）“您搞错了。”换成“我觉得可能是我们的沟通存在问题。”。

（3）“我已经说得很清楚了。”换成“可能是我没解释清楚，令您误解了。”。

（4）“您听明白了吗?”换成“请问我的解释您清楚吗?”。

（5）“啊，您说什么?”换成“对不起，我没有听明白，请您再说一遍好吗?”。

（6）“您需要……”换成“我建议……/您看是不是可以这样……”。

（四）站在顾客角度说话

（1）这样做主要是为了保护您的利益。

（2）如果谁都可以帮您办理这么重要的业务，那对您的利益是很没有保障的。

（3）我知道您一定会谅解的，这样做就是为了确保像您一样对我们有着重要意义的忠诚顾客的权益。

（五）如何让客户“等”

（1）不好意思，耽误您的时间了。

（2）等待之前先提醒：先生（女士），请您稍等片刻，我马上为您查询。

（3）等待结束恢复通话：先生（女士），谢谢您的等待，已经帮您查询到……/现在帮您查询到的结果是……。

（4）请您稍等片刻，马上就好。

（5）由于查询数据需要一些时间，不好意思要耽误（您）一点时间。

（6）感谢您耐心等候。

（六）结束语

（1）祝您生活愉快!

（2）祝您旅途愉快!

（3）（当顾客说他在开车时）路上要注意安全。

（4）祝您生意兴隆!

（5）希望下次有机会再为您服务!

（6）请路上小心。

（7）祝您一路顺风。

（8）天气转凉了，记得加衣保暖。

(9) 今天下雨，出门请记得带伞。

(10) 祝您周末愉快！

实战演练

师生互扮角色，模拟顾客投诉情境。

按十分制计分，考察处理顾客投诉的整个过程。具体技能评判见表3-3。

表3-3　技能评判表

考核项目	评判结果		
	分值	扣分	得分
接受投诉	4		
处理投诉	4		
善后处理	2		
合计	10		

第四篇 餐后结束工作

任务一 结账服务

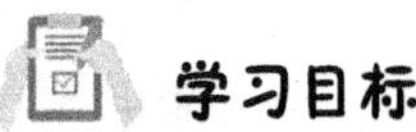

学习目标

知识目标：熟悉餐厅结账方式和程序。

技能目标：掌握结账收款服务技能。

学习重点、难点

重点：结账服务程序。

难点：结账方式。

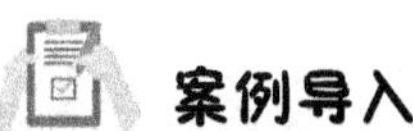

案例导入

唱收唱付

近福建厦门市中心处新开了一家餐馆，开业的第4天傍晚，华灯初上，来了两位顾客。引座服务员忙把他们请到一张小桌子前面坐下。在用餐的一个多小时里，服务员走动勤快，换碟子和烟灰缸也很及时，菜肴色、香、味、型、饰都无可挑剔，两位来客相对会心微笑：“新开的饭店毕竟不一样。”就在他们酒足饭饱准备付账时，服务员递上账单并响亮地说：“两位先生今晚共需支付315元，不知哪位付账？”

那位年长的顾客轻声对服务员说："请你别这么大声好吗？我们听得见，我们不会赖账。"

"这是饭店的规范。顾客结账时服务员须唱收唱付。"服务员似有满腹委屈，她不明白有什么不对。顾客匆匆付了钱，抄起放在椅背上的外套，头也不回地往门口走去。

［评析］服务人员收账有很多学问。这家餐馆也许是考虑到账款必须核对清楚，所以沿用过去小酒馆那种唱收唱付的办法，显然这与国际管理规范差之太远。现在顾客用餐不仅是为了满足生理上的需求，还需要得到别人的尊重，以获得心理上的满足。收账这一环节就包含着尊重顾客的因素在内。用餐顾客大多不希望让他的朋友或邻桌不相识的人知道他们这顿饭花费多少钱。在美国，餐馆老板想得很周到。他们一般备两份菜单：一份附有价目，专给男性或做东的顾客；另一份则给女伴或被邀的客人。

所以餐厅服务人员应学会在一桌客人中辨别出做东的是哪一位。餐后结账时，服务人员应默默地把账单递给他，尽可能不惊扰同桌者。香港人把账单也称为埋单，服务人员把账单悄悄埋在茶杯或餐巾下面，目的就是不让旁人看见。从心理学角度分析，如果账款数目不大，做东客人会认为在朋友面前丢了面子；如果账款很大，也许同桌的亲朋会感到不安，所以无论如何都不应该当着顾客的面大声叫出账款。

任务布置

结账服务。

相关知识

结账是餐厅服务的最后一道环节，结账服务的准确、快速直接影响餐厅的经济效益。当顾客用餐完毕、提出结账时，应重视顾客"临行前两分钟"的服务，即顾客将要离开餐桌前两分钟的服务。这个时候，服务人员要及时回到顾客身边，主动询问顾客吃得是否满意；再及时递上账单，请顾客过目。

一、结账程序和要求

1. 取账单

当顾客示意服务人员结账时，服务人员应迅速到收银台领取顾客账单，先核对主账单和各分单所开项目与价格是否相符，然后将账单放入账单夹内，并准备

结账用笔。

2. 递送账单

从顾客右侧将账单夹打开递给顾客，并说明是该顾客的用餐账单。

二、结账方式

餐厅结账的方式常有现金支付、签单、信用卡或支票等。服务人员应了解和掌握各种结账方法，做到准确、迅速且彬彬有礼。

（1）顾客以签单方式结账时，应弄清顾客的身份，并在签单协议的客户名单中查找相关资料（如具有签单资格者的基本情况等），核对无误后方可签单，并请顾客留下有效联系方式。

（2）顾客用支票结账时，服务人员要先将支票上各项内容仔细查看（如印鉴是否齐全、是否有最高金额限制、是否有密码等），然后要求顾客出示有效的身份证件，准确无误后方可接受。

（3）顾客用信用卡结账时，应弄清本餐厅是否可使用该信用卡。若能使用，应查看信用卡的有效使用日期，核对“止付”名单。将顾客在餐厅消费的餐费、酒水等总费用刷卡后并附上分项账单请持卡人检查、核对和签名。服务员要核对顾客签名与卡上签名是否一致。确认无误后将信用卡送还给顾客。

任务实施

一、结账准备

（1）顾客要求买单时，收银员要先核实账单是否无误，然后服务人员要在确认账单无误后再交到顾客手里。

（2）将账单放入账单夹内，并确保账单夹打开时，账单正面朝向顾客。

（3）随身准备结账用笔。

二、递交账单

拿着账单夹走到要结账的顾客右侧，打开账单夹，右手持账单夹上端，左手轻托账单夹下端，递至要结账的顾客面前请其检查，并说：“您好，这是您的账单”，注意不要让其他顾客看到账单。

三、结账收款

礼貌地收取顾客的钱款票证，并对顾客道谢，然后及时交到账台核对、办理。找回的余款或信用卡单据，要及时放到托盘上交还顾客，并请其清点、核查。

知识拓展

给顾客递送账单小经验

当顾客用餐完毕准备结账时，有一些细小的地方需要注意：

顾客不说结账，永远不要主动拿账单给顾客。在顾客酒足饭饱、不再点菜时，可以悄悄地提前让吧台把账结算完，这样，顾客一说结账，就可以很快递上。记住，不能让顾客等账单超过两分钟。

给顾客递账单时，一般餐厅服务人员是把消费数目直接告诉顾客，档次高一点的餐厅会把菜单打印出来让顾客看一下。其实，服务人员可以把账单放在账单夹里，当然一定要确保账单夹干净、无油渍，并拿上一支笔一起递给顾客，目的是方便顾客计算。虽然大部分顾客不会拿笔计算，但这无疑会在“信任”上加上一分。

如果顾客接到不正确的账单，会很不高兴。所以，尽管算账是吧台的事，服务人员在接到账单时还是要尽量帮顾客核实一遍，这不仅仅是为顾客着想，更能增加顾客对自己的满意度。

账单夹应摆放在要结账的顾客面前，打开账单夹，让顾客看清楚，然后说：“您的账单，先生（女士）。”

账单放在顾客面前后，服务人员应退后几步。

当顾客把现金或信用卡放到账单夹里时，服务人员应马上走上前并合上账单夹，交到收款台前务必要先检查一下，如果是现金，应检查是否足够。如果顾客付现金，零钱必须找回给顾客，除非顾客表示零钱留作小费。顾客等零钱或信用卡时，应把信用卡、单据和账单复印件一同拿给顾客。

顾客结完账之后，服务人员应该向顾客道谢：“非常感谢您，欢迎您再来。”

实战演练

学生互扮顾客、服务员、收银员，模拟结账收款服务。

按十分制计分，考察接受顾客结账收款服务的整个过程后评分，每错 1 处扣 1 分。具体技能评判见表 4-1。

表 4-1 技能评判表

考核项目	分值	扣分	得分
结账准备工作	3		
递交账单	3		
结账收款	4		
合计	10		

任务二　送客收尾

学习目标

知识目标：熟悉送客服务的注意事项。

技能目标：掌握送客收尾工作程序与标准。

学习重点、难点

重点：送客收尾服务程序。

难点：送客服务。

案例导入

[案例1] 一个深秋的晚上，三位顾客在南方某城市一家饭店的中餐厅用餐。他们在此已坐了两个多小时，仍没有去意。服务员心里很着急，到他们身边站了好几次，想催他们赶快结账，但一直没有说出口。最后，她终于忍不住对顾客说："先生，能不能赶快结账，如想继续聊天请到酒吧或咖啡厅。"

"什么！你想赶我们走，我们现在还不想结账呢。"一位顾客听了她的话非常生气，表示不愿离开。另一位顾客看了看表，连忙劝同伴马上结账。那位生气的顾客没好气地让服务员把账单拿过来。看过账单，他指出有一道菜没点过，但却算进了账单，请服务员去更正。这位服务员忙回答顾客，账单肯定没错，菜已经上过了。几位顾客却辩解说，没有要这道菜。服务员又仔细回忆了一下，觉得可能是自己错了，忙到收银员那里去改账。

当她把改过的账单交给顾客时，顾客对她说："餐费我可以付，但你服务的态度却让我们不能接受，请你马上把餐厅经理叫过来。"这位服务员听了顾客的话感到非常委屈。其实，她在顾客点菜和进餐的服务过程中并没有什么过错，只是想催顾客早一些结账。

"先生，我在服务中有什么过错的话，我向你们道歉了，还是不要找我们经理了。"服务员用恳求的口气说道。

"不行，我们就是要找你们的经理。"顾客并不妥协。

服务员见事情无可挽回，只好将餐厅经理找来。顾客告诉经理他们对服务员催促他们结账的做法很生气。另外，服务员把账款多算了，这些都说明服务员的态度有问题。

“这些确实是我们工作上的失误，我向大家表示歉意。几位先生愿意什么时候结账都行，结完账也欢迎你们继续在这里休息。”经理边说边让那位服务员赶快给顾客倒茶。在经理和服务员的一再道歉下，顾客终于不再说什么了，付了钱，但仍面有余怒地离去了。

［**评析**］送客是礼貌服务的具体体现，表示餐饮部门对顾客的尊重、关心、欢迎和爱护，这在星级饭店的餐饮服务中是不可或缺的项目。在送客过程中，服务人员应做到礼貌、耐心、细致、周到，使顾客满意。

［**案例 2**］庄小姐和朋友在某西餐厅用餐，随手将手提包挂在了椅子的后面。用完餐后，一行人急匆匆离去，完全忘记了手提包。十多分钟后，庄小姐才发现手提包不见了，急忙回餐厅寻找，但此时，包已经不见了。

［**评析**］顾客离开后，服务人员应迅速回餐厅进行检查，看顾客是否有遗留的物品，如果有要及时送还顾客；若顾客已离开，应向经理汇报，积极想办法联系顾客或者上交。

任务布置

工作一：送客服务。

工作二：收尾工作。

相关知识

送客是礼貌服务的具体体现，是餐饮部门对顾客的尊重、关心、欢迎和爱护。

一、送客要领

顾客用餐完毕起身时，应为其拉椅。顾客离座后应送至餐厅门口，提醒顾客带好随身物品；对于行动不便的顾客，应在征得其同意后主动向前搀扶，礼貌地向顾客道谢，欢迎顾客再次光临。

二、送客注意事项

顾客不想离开时绝不能催促，注意观察出入餐厅的顾客，不要对没用完餐离开座位的顾客道别，以免引起顾客的误会。送客服务的语言要规范、简洁。

三、收尾工作

（一）撤台

顾客离去后，应及时对就餐区域进行收台清扫。检查是否有顾客遗留的物品，如有，遵照餐厅有关规定处理。撤台按布件类（餐巾、香巾）、玻璃器皿类、瓷器类及其他类的顺序分类收拾。按照规范撤去台布，重新布置台面、摆齐桌椅，整理工作柜，补充物品。

（二）总结

经理检查收尾工作，召开餐后会做简短总结，与接班者交接并向其交代遗留问题，同时填写工作记录，整理顾客意见并提出下一步的工作要点。如是当日结束营业时间，则应关闭各种电器设备，关好门窗。

四、送客与收尾工作服务程序与标准

（1）送客服务程序与标准见表4-2。

表4-2　送客服务程序与标准

服务程序	服务标准
协助顾客离开座位	1. 顾客起身准备离开时，上前为顾客拉椅； 2. 顾客起身后，向顾客致谢并提醒顾客勿遗漏物品
向顾客致谢	与顾客礼貌道别，向顾客表示感谢，诚恳欢迎顾客再次光临
送顾客离开餐厅	1. 走在顾客前方将顾客送至餐厅门口； 2. 当顾客走出餐厅门口时，引位员或餐厅经理再次向顾客致谢、道别； 3. 引位员应帮助顾客按电梯，并在电梯来后，送顾客进入电梯，目送顾客离开； 4. 正门直接有车道的餐厅，引位员要帮助顾客叫出租车；雨天要为顾客打伞，为顾客开车门，目送顾客坐车离开
餐厅检查	1. 服务员立即回到服务区域，再次检查是否有顾客遗留物品； 2. 如有遗留物品尽快交还给顾客。如顾客已经离开，要向餐厅经理汇报，将物品交到大堂副理处

（2）撤台服务程序与标准见表4-3。

表 4-3　撤台服务程序与标准

服务程序	服务标准
撤台要求	1. 零点撤台需在该桌顾客离开餐厅后进行，宴会撤台必须在所有顾客均离开餐厅后才能进行； 2. 收撤餐具要轻拿轻放，尽量不要发出碰撞声响； 3. 收撤餐具要为下一道工序创造条件，叠碗时大腕在下、小碗在上； 4. 收撤时，要把剩余汤或菜集中起来放置
撤台	1. 按摆台规范对齐餐椅； 2. 将桌面上的花瓶、调味瓶和台号牌收到托盘上，暂放于服务桌上； 3. 用托盘开始收撤桌面上的餐具，并送至洗碟机房清洗，收撤的顺序为银器、餐巾、瓷器、餐具、玻璃酒杯； 4. 桌面清理完后，立即更换台布； 5. 用干净布巾把花瓶、调味瓶和台号牌擦干净后，按摆台规范摆上桌面； 6. 使用转盘的餐桌，需先取下已用过的转盘罩及转盘，然后更换台布；再摆好转盘，套上干净的转盘罩

（3）收尾服务程序与标准见表 4-4。

表 4-4　收尾服务程序与标准

服务程序	服务标准
减少灯光	1. 当营业结束、顾客离开后，服务员开始着手进行餐厅的清理工作； 2. 关掉大部分照明灯，只留适当的灯光供清场用
撤器具、收布草	1. 先清理桌面，再撤走服务桌上所有的器皿，送至洗碟机房清洗； 2. 把布草分类送往备餐间（干净与脏的要分开）
清洁	清洁四周护墙及地面，打扫地毯，如有污迹，通知绿化部清洗
落实安全措施	1. 关闭水、电开关； 2. 除员工出入口以外，锁好所有门窗； 3. 由当值负责人做完最后的安全防患复查后，填写管理日志； 4. 落实厅面各项安全防患工作，锁好员工出入口门后方可离岗

任务实施

工作一：送客服务

送客服务的具体实施项目见表 4-5。

表 4-5 送客服务项目

工作项目	操作规范	质量标准
征询意见	当顾客用餐完毕，主动上前征询顾客在本餐厅用餐的意见和建议，并做好记录，同时向顾客表示感谢	态度诚恳，使用礼貌用语，及时反馈给上级
打包	根据顾客用餐情况主动征询顾客是否需要打包，如顾客有意，服务人员应到吧台领取相应数量的打包盒（袋），将食品打包，交给顾客	动作迅速，礼貌周到
送客	1. 顾客起身离开时，主动拉开椅子，鞠躬送客，并提醒顾客带好随身携带物品； 2. 若有顾客带走酒店物品，及时提醒； 3. 送顾客至旋梯口或电梯口，与顾客道别“再见，欢迎再来”	举止得体，礼貌热情
检查现场	再次检查有无顾客遗留物品，以及物品是否有损坏，及时上交吧台或上报领班	仔细认真
顾客遗留物品处理	若发现顾客有遗留物品，应立即寻找顾客，并设法归还给顾客；若顾客已离开，将遗留物品交领班处理	诚实，不弄虚作假

工作二：收尾工作

收尾工作的具体实施项目见表 4-6。

表 4-6 收尾工作项目

工作项目	操作规范	质量标准
收台	清点口布、香巾、餐具。收台时先收口布、香巾，然后收玻璃杯、筷子、瓷勺、不锈钢餐具等由服务人员自己清洗的餐具，其他餐具分类收好放于托盘内，送往管事部	数目正确，无缺少、破损，餐具分类摆放
清洗餐具	1. 除去残渣，用放有餐洗剂的水进行清洗； 2. 进行消毒（消毒液配备比例按 1∶500）； 3. 用清水冲净； 4. 用消过毒的布擦净	餐具轻拿轻放，无污迹、无水迹
换台布	将用过的台布撤下，抖净杂物，放于指定的布草存放处，再将干净完好的台布铺上	布草要干净，大小适中、无污迹、无破损，干净完好的台布无须撤换

续表

工作项目	操作规范	质量标准
清理桌椅、备餐橱	用一干一湿抹布，按先湿后干擦拭桌墩、餐椅及备餐橱，并整理备餐橱内物品，将餐椅、餐桌摆放整齐	餐椅无油污、无灰尘，物品归类摆放整齐，餐椅、餐桌成一条直线
摆放暖瓶	先用湿抹布将暖瓶从上至下擦拭干净，再用干抹布擦干，要注意把暖瓶盖里侧擦净，并放于指定位置	无水迹、无污迹，摆放整齐，轻拿轻放
擦拭调料瓶、牙签筒、桌号牌	用抹布按先湿后干的顺序，将牙签筒、桌号牌、花瓶擦拭干净，按操作标准摆放于指定位置	摆放整齐，无污迹、无破损
卫生清理	对所负责区域的卫生进行清理	无灰尘、无杂物、无污迹
安全检查	对所负责区域的设备、设施进行检查	认真检查，若有问题及时向领班反馈汇报，由领班填写《维修报告单》，交经理签字后，安排工程部门及时维修

知识拓展

一、送客

送客是礼貌服务的具体体现，在星级饭店餐饮服务中是不可或缺的项目。在送客过程中，服务人员应做到礼貌、耐心、细致、周到，使顾客满意。送客要点如下：

（1）顾客不想离开时绝不能催促，也不要做出催促顾客离开的不当举动。

（2）顾客离开前，如愿意将剩余食品打包带走，应积极为之服务。

（3）顾客结账后起身离开时，应主动为其拉开座椅，礼貌地询问他们是否满意。

（4）要帮助顾客穿戴外衣、提携东西，提醒他们不要遗忘物品。

（5）要礼貌地向顾客道谢，欢迎他们再次光临。

（6）要面带微笑地注视顾客离开，或亲自陪送顾客到餐厅门口。

（7）领位员应礼貌地欢送顾客，并欢迎他们再来。

(8) 遇特殊天气，处于饭店之外的餐厅应有专人安排顾客离店，如亲自将顾客送到饭店门口、下雨时为没带雨具的顾客打伞、扶老携幼、帮助顾客叫出租车等，直至顾客安全离开。

(9) 对重大餐饮活动的欢送要隆重、热烈，服务人员应穿戴规范，列队欢送，使顾客真正感受到服务的真诚和温暖。

二、翻台

翻台是在宾客离开餐厅以后，服务人员收拾餐具、整理餐桌，并重新摆台的过程。翻台往往是在其他顾客仍在进餐的情况下进行的，或是在没有找到餐桌的顾客正在等候时进行的，所以，翻台的文明和效率是该程序的重要标准。可以说，一个餐厅翻台率的高低和翻台速度的快慢，反映出其营业水平和接待能力。翻台服务中应注意的要点如下：

(1) 翻台应注意及时、有序，应按酒具、小件餐具、大件餐具的顺序进行。

(2) 翻台时如发现顾客遗忘的物品，应及时交给顾客或上交有关部门。

(3) 翻台时，应注意文明作业，保持动作的稳定，不要损坏餐具、物品，也不应惊扰正在用餐的顾客。

(4) 翻台时应注意周围的环境卫生，不要将餐纸、杂物、残汤剩菜等乱洒乱扔。

(5) 撤台结束后，应立即开始规范地摆台，尽量减少顾客的等候时间。

实战演练

学生互扮顾客、服务员，模拟送客收尾服务。

按百分制计分，考察送客及收尾服务的整个过程后评分，每错 1 处扣 5 分。具体技能评判见表 4-7。

表 4-7　技能评判表

考核项目	分值	扣分	得分
送客服务	20		
撤台工作	20		
重新摆台	60		
合计	100		

附 录

附录一 《旅游饭店星级的划分与评定》

(GB/T 14308—2010)

前 言

本标准代替 GB/T 14308—2003 旅游饭店星级的划分与评定。

本标准与 GB/T 14308—2003 相比，主要技术内容变化如下：

a）增加了对国家标准 GB/T 16766、GB/T 15566.8 的引用

b）更加注重饭店核心产品，弱化配套设施

c）将一二三星级饭店定位为有限服务饭店

d）突出绿色环保的要求

e）强化安全管理要求，将应急预案列入各星级的必备条件

f）提高饭店服务质量评价的操作性

g）增加例外条款，引导特色经营

h）保留白金五星级的概念，其具体标准与评定办法将另行制定。

本标准的附录 A、附录 B、附录 C 均为规范性附录。

本标准由国家旅游局提出。

本标准由全国旅游标准化技术委员会归口。

本标准起草单位：国家旅游局监督管理司。

本标准主要起草人：李任芷、刘士军、余昌国、贺静、鲁凯麟、刘锦宏、徐锦祉、辛涛、张润钢、王建平。

本标准所代替标准的历次版本发布情况为：

——GB/T 14308—1993

——GB/T 14308—1997

——GB/T 14308—2003

旅游饭店星级的划分与评定

1 范围

本标准规定了旅游饭店星级的划分条件、服务质量和运营规范要求。

本标准适用于正式营业的各种旅游饭店。

2 规范性引用文件

下列文件对于本文件的应用是必不可少的。凡是注日期的引用文件，仅注日期的版本适用于本文件，凡是不注日期的引用文件，其最新版本（包括所有的修改单）适用于本文件。

GB/T 16766 旅游业基础术语

GB/T 10001.1 标志用公共信息图形符号 第1部分：通用符号

GB/T 10001.2 标志用公共信息图形符号 第2部分：旅游设施与服务符号

GB/T 10001.4 标志用公共信息图形符号 第4部分：运动健身符号

GB/T 10001.9 标志用公共信息图形符号 第9部分：无障碍设施符号

GB/T 15566.8 公共信息导向系统 设置原则与要求 第8部分：宾馆和饭店

3 术语和定义

下列术语和定义适用于本标准。

3.1

旅游饭店 tourist hotel

以间（套）夜为单位出租客房，以住宿服务为主，并提供商务、会议、休闲、度假等相应服务的住宿设施，按不同习惯可能也被称为宾馆、酒店、旅馆、旅社、宾舍、度假村、俱乐部、大厦、中心等。

4 星级划分及标志

4.1 用星的数量和颜色表示旅游饭店的星级。旅游饭店星级分为五个级别，即一星级、二星级、三星级、四星级、五星级（含白金五星级）。最低为一星级，最高为五星级。星级越高，表示饭店的等级越高。（为方便行文，“星级旅游饭店”简称为“星级饭店”。）

4.2 星级标志由长城与五角星图案构成，用一颗五角星表示一星级，两颗

五角星表示二星级，三颗五角星表示三星级，四颗五角星表示四星级，五颗五角星表示五星级，五颗白金五角星表示白金五星级。

5　总则

5.1　星级饭店的建筑、附属设施设备、服务项目和运行管理应符合国家现行的安全、消防、卫生、环境保护、劳动合同等有关法律、法规和标准的规定与要求。

5.2　各星级划分的基本条件见附录 A，各星级饭店应逐项达标。

5.3　星级饭店设备设施的位置、结构、数量、面积、功能、材质、设计、装饰等评价标准见附录 B。

5.4　星级饭店的服务质量、清洁卫生、维护保养等评价标准见附录 C。

5.5　一星级、二星级、三星级饭店是有限服务饭店，评定星级时应对饭店住宿产品进行重点评价；四星级和五星级（含白金五星级）饭店是完全服务饭店，评定星级时应对饭店产品进行全面评价。

5.6　倡导绿色设计、清洁生产、节能减排、绿色消费的理念。

5.7　星级饭店应增强突发事件应急处置能力，突发事件处置的应急预案应作为各星级饭店的必备条件。评定星级后，如饭店营运中发生重大安全责任事故，所属星级将被立即取消，相应星级标志不能继续使用。

5.8　评定星级时不应因为某一区域所有权或经营权的分离，或因为建筑物的分隔而区别对待，饭店内所有区域应达到同一星级的质量标准和管理要求。

5.9　饭店开业一年后可申请评定星级，经相应星级评定机构评定后，星级标志有效期为三年。三年期满后应进行重新评定。

6　各星级划分条件

6.1　必备条件

6.1.1　必备项目检查表规定了各星级应具备的硬件设施和服务项目。评定检查时，逐项打“√”确认达标后，再进入后续打分程序。

6.1.2　一星级必备项目见表 A.1；二星级必备项目见表 A.2；三星级必备项目见表 A.3；四星级必备项目见表 A.4；五星级必备项目见表 A.5。

6.2　设施设备

6.2.1　设施设备的要求见附录 B。总分 600 分。

6.2.2　一星级、二星级饭店不作要求，三星级、四星级、五星级饭店规定最低得分线：三星级 220 分，四星级 320 分，五星级 420 分。

6.3　饭店运营质量

6.3.1　饭店运营质量的要求见附录 C 。总分 600 分。

6.3.2 饭店运营质量的评价内容分为总体要求、前厅、客房、餐饮、其他、公共及后台区域6个大项。评分时按“优”“良”“中”“差”打分并计算得分率。公式为：得分率=该项实际得分/该项标准总分×100%。

6.3.3 一星级、二星级饭店不作要求。三星级、四星级、五星级饭店规定最低得分率：三星级70%，四星级80%，五星级85%。

6.3.4 如饭店不具备表C.1中带“*”的项目，统计得分率时应在分母中去掉该项分值。

7 服务质量总体要求

7.1 服务基本原则

7.1.1 对宾客礼貌、热情、亲切、友好，一视同仁。

7.1.2 密切关注并尽量满足宾客的需求，高效率地完成对客服务。

7.1.3 遵守国家法律法规，保护宾客的合法权益。

7.1.4 尊重宾客的信仰与风俗习惯，不损害民族尊严。

7.2 服务基本要求

7.2.1 员工仪容仪表应达到：

a）遵守饭店的仪容仪表规范，端庄、大方、整洁；

b）着工装、佩戴工牌上岗；

c）服务过程中表情自然、亲切、热情适度，提倡微笑服务。

7.2.2 员工言行举止应达到：

a）语言文明、简洁、清晰，符合礼仪规范；

b）站、坐、行姿符合各岗位的规范与要求，主动服务，有职业风范；

c）以协调适宜的自然语言和身体语言对客服务，使宾客感到尊重舒适；

d）对宾客提出的问题应予耐心解释，不推诿和应付。

7.2.3 员工业务能力与技能应达到掌握相应的业务知识和服务技能，并能熟练运用。

8 管理要求

8.1 应有员工手册。

8.2 应有饭店组织机构图和部门组织机构图。

8.3 应有完善的规章制度、服务标准、管理规范和操作程序。一项完整的饭店管理规范包括规范的名称、目的、管理职责、项目运作规程（具体包括执行层级、管理对象、方式与频率、管理工作内容）、管理分工、管理程序与考核指标等项目。各项管理规范应适时更新，并保留更新记录。

8.4 应有完善的部门化运作规范。包括管理人员岗位工作说明书、管理人

员工作关系表、管理人员工作项目核检表、专门的质量管理文件 、工作用表和质量管理记录等内容。

8.5 应有服务和专业技术人员岗位工作说明书，对服务和专业技术人员的岗位要求、任职条件、班次、接受指令与协调渠道、主要工作职责等内容进行书面说明。

8.6 应有服务项目、程序与标准说明书，对每一个服务项目完成的目标、为完成该目标所需要经过的程序，以及各个程序的质量标准进行说明。

8.7 对国家和地方主管部门和强制性标准所要求的特定岗位的技术工作如锅炉、强弱电、消防、食品加工与制作等，应有相应的工作技术标准的书面说明，相应岗位的从业人员应知晓并熟练操作。

8.8 应有其他可以证明饭店质量管理水平的证书或文件。

9 安全管理要求

9.1 星级饭店应取得消防等方面的安全许可，确保消防设施的完好和有效运行。

9.2 水、电、气、油、压力容器、管线等设施设备应安全有效运行。

9.3 应严格执行安全管理防控制度，确保安全监控设备的有效运行及人员的责任到位。

9.4 应注重食品加工流程的卫生管理，保证食品安全。

9.5 应制订和完善地震、火灾、食品卫生、公共卫生、治安事件、设施设备突发故障等各项突发事件应急预案。

10 其他

对于以住宿为主营业务，建筑与装修风格独特，拥有独特客户群体，管理和服务特色鲜明，且业内知名度较高旅游饭店的星级评定，可参照五星级的要求。

附录 A （规范性附录）

必备项目检查表

表 A.1 给出了一星级饭店必备项目检查表

表 A.2 给出了二星级饭店必备项目检查表

表 A.3 给出了三星级饭店必备项目检查表

表 A.4 给出了四星级饭店必备项目检查表

表 A.5 给出了五星级饭店必备项目检查表

表 A.1　一星级饭店必备项目检查表

序号	项目	是否达标
1	一般要求	
1.1	建筑物结构完好，功能布局基本合理，方便宾客在饭店内活动	
1.2	应有适应所在地气候的采暖、制冷设备，各区域通风良好	
1.3	各种指示用和服务用文字应至少用规范的中文及第二种文字同时表示，导向系统的设置和公共信息图形符号应符合 GB/T 15566.8 和 GB/T 10001.1、GB/T 10001.2、GB/T 10001.4、GB/T 10001.9 的规定	
1.4	应有至少 15 间（套）可供出租的客房	
1.5	员工应具备基本礼仪礼节，穿着整齐清洁，可用普通话提供服务，效率较高	
1.6	设施设备应定期维护保养，保持安全、整洁、卫生和有效	
1.7	应有突发事件处置的应急预案	
1.8	应有与本星级相适应的节能减排方案并付诸实施	
2	设施	
2.1	设总服务台，并提供客房价目表及城市所在地的旅游交通图等相关资料	
2.2	客房内应有卫生间或提供方便宾客使用的公共卫生间，客房卫生间及公共卫生间均采取必要防滑措施	
2.3	应 24 h 供应冷水，每日固定时段供应热水，并有明确提示	
2.4	客房内应有清洁舒适的床和配套家具	
2.5	客房照明充足，有遮光效果较好的窗帘	
2.6	客房内应备有服务指南、住宿须知等	
2.7	客房门安全有效，门锁应为暗锁，有防盗装置，客房内应在显著位置张贴应急疏散图及相关说明	
2.8	公共区域应有男女分设的公共卫生间	
2.9	应有公用电话	
2.10	应有应急照明设施	
3	服务	
3.1	应至少 18 h 提供接待、问询、结账服务	
3.2	晚间应有安保人员驻店值班	
3.3	应提供贵重物品保管及小件行李寄存服务	

续表

序号	项目	是否达标
3.4	客房、卫生间应每天全面整理一次，隔日或应宾客要求更换床单、被套及枕套，并做到每客必换	
3.5	客房内应提供热饮用水	
3.6	应为残障人士提供必要的服务	
	总体是否达标结论	

表 A.2　二星级饭店必备项目检查表

序号	项目	是否达标
1	一般要求	
1.1	建筑物结构良好，功能布局基本合理，方便宾客在饭店内活动	
1.2	应有适应所在地气候的采暖、制冷设备，各区域通风良好	
1.3	各种指示用和服务用文字应至少用规范的中文及第二种文字同时表示，导向系统的设置和公共信息图形符号应符合 GB/T 15566.8 和 GB/T 10001.1、GB/T 10001.2、GB/T 10001.4、GB/T 10001.9 的规定	
1.4	应有至少 20 间（套）可供出租的客房	
1.5	应提供回车线或停车场，5 层以上（含 5 层）的楼房有客用电梯	
1.6	员工应具备基本礼仪礼节，穿着整齐清洁，可用普通话提供服务，效率较高	
1.7	设施设备应定期维护保养，保持安全、整洁、卫生和有效	
1.8	应有突发事件处置的应急预案	
1.9	应有与本星级相适应的节能减排方案并付诸实施	
2	设施	
2.1	应有与饭店规模相适应的总服务台，位置合理，提供客房价目表及城市所在地的旅游交通图、旅游介绍等相关资料	
2.2	应有就餐区域，提供桌、椅等配套设施，照明充足，通风良好	
2.3	客房内应有清洁舒适的床以及桌、椅、床头柜等配套家具	
2.4	至少 50% 的客房内应有卫生间，或每一楼层提供数量充足，男女分设，方便使用的公共盥洗间。客房卫生间及公共盥洗间均采取有效的防滑措施	
2.5	应 24 h 供应冷水，至少 12 h 供应热水	

续表

序号	项目	是否达标
2.6	客房应有适当装修，照明充足，有遮光效果较好的窗帘。有防噪音及隔音措施	
2.7	客房内应配备电话、彩色电视机等设施，且使用效果良好	
2.8	设有两种以上规格的电源插座	
2.9	客房内应备有服务指南、住宿须知等资料	
2.10	客房门安全有效，门锁应为暗锁，有防盗装置，客房内应在显著位置张贴应急疏散图及相关说明	
2.11	公共区域应有男女分设的公共卫生间	
2.12	应有公用电话	
2.13	应有应急照明设施	
2.14	公共区域应有适当装修，墙面整洁、光线充足。紧急出口标识清楚，位置合理，无障碍物	
2. 15	门厅及主要公共区域应有残疾人出入坡道	
3	服务	
3.1	应有管理或安保人员 24 h 在岗值班	
3.2	应 24 h 提供接待、问询、结账和留言等服务	
3.3	应提供贵重物品保管及小件行李寄存服务	
3.4	客房、卫生间应每天全面整理一次，隔日或应宾客要求更换床单、被套及枕套，并做到每客必换	
3.5	客房内应提供热饮用水	
3.6	应提供早餐服务	
3.7	应为残障人士提供必要的服务	
	总体是否达标结论	

表 A.3　三星级饭店必备项目检查表

序号	项目	是否达标
1	一般要求	
1.1	应有较高标准的建筑物结构，功能布局较为合理，方便宾客在饭店内活动	
1.2	应有空调设施，各区域通风良好，温、湿度适宜	

续表

序号	项目	是否达标
1.3	各种指示用和服务用文字应至少用规范的中英文同时表示。导向标志清晰、实用、美观，导向系统的设置和公共信息图形符号应符合GB/T 15566.8 和 GB/T 10001.1、GB/T 10001.2、GB/T 10001.4、GB/T 10001.9 的规定	
1.4	应有计算机管理系统	
1.5	应有至少30间（套）可供出租的客房，应有单人间、套房等不同规格的房间配置	
1.6	应提供回车线并有一定泊位数量的停车场。4层（含4层）以上的建筑物有足够的客用电梯	
1.7	设施设备定期维护保养，保持安全、整洁、卫生和有效	
1.8	员工应着工装，训练有素，用普通话提供服务。前台员工具备基本外语会话能力	
1.9	应有突发事件（突发事件应包括火灾、自然灾害、饭店建筑物和设备设施事故、公共卫生和伤亡事件、社会治安事件等）处置的应急预案，有年度实施计划，并定期演练	
1.10	应有与本星级相适应的节能减排方案并付诸实施	
1.11	应定期开展员工培训	
2	设施	
2.1	应有与接待规模相适应的前厅和总服务台，装修美观。提供饭店服务项目资料、客房价目等信息，提供所在地旅游交通、所在地旅游资源信息、主要交通工具时刻等资料，提供相关的报刊	
2.2	客房装修良好、美观，应有软垫床、梳妆台或写字台、衣橱及衣架、座椅或简易沙发、床头柜及行李架等配套家具。电器开关方便宾客使用	
2.3	客房内满铺地毯、木地板或其他较高档材料	
2.4	客房内应有卫生间，装有抽水恭桶、梳妆台（配备面盆、梳妆镜和必要的盥洗用品）、浴缸或淋浴间。采取有效的防滑、防溅水措施，通风良好。采用较高级建筑材料装修地面、墙面和天花，色调柔和，目的物照明效果良好。有良好的排风设施，温湿度与客房适宜。有不间断电源插座。24 h 供应冷、热水	
2.5	客房门安全有效，应设门窥镜及防盗装置，客房内应在显著位置张贴应急疏散图及相关说明	
2.6	客房内应有遮光和防噪音措施	

续表

序号	项目	是否达标
2. 7	客房内应配备电话、彩色电视机，且使用效果良好	
2. 8	应有两种以上规格的电源插座，位置方便宾客使用，可提供插座转换器	
2. 9	客房内应有与本星级相适应的文具用品，备有服务指南、住宿须知、所在地旅游景点介绍和旅游交通图等，提供书、报刊	
2. 10	床上用棉织品（床单、枕芯、枕套、被芯、被套及床衬垫等）及卫生间针织用品（浴衣、浴巾、毛巾等）材质良好、柔软舒适	
2. 11	客房内应提供互联网接入服务，并有使用说明	
2. 12	客房内应备有擦鞋用具	
2. 13	应有与饭店规模相适应的独立餐厅，配有符合卫生标准和管理规范的厨房	
2. 14	公共区域应设宾客休息场所	
2. 15	公共区域应有男女分设、间隔式公共卫生间	
2. 16	应有公用电话	
2. 17	应有应急供电设施和应急照明设施	
2. 18	走廊地面应满铺地毯或与整体氛围相协调的其他材料，墙面整洁、有适当装修，光线充足。紧急出口标识清楚，位置合理，无障碍物	
2. 19	门厅及主要公共区域应有残疾人出入坡道，配备轮椅	
3	服务	
3. 1	应有管理及安保人员 24 h 在岗值班	
3. 2	应 24 h 提供接待、问询、结账和留言服务。提供总账单结账服务、信用卡结算服务。应提供客房预订服务	
3. 3	应设门卫应接及行李服务人员，有专用行李车，应宾客要求提供行李服务。应提供贵重物品保管及小件行李寄存服务，并专设寄存处	
3. 4	应为宾客办理传真、复印、打字、国际长途电话等商务服务，并代发信件	
3. 5	应提供代客预订和安排出租汽车服务	
3. 6	客房、卫生间应每天全面整理一次，每日或应宾客要求更换床单、被套及枕套，客用品补充齐全	
3. 7	应提供留言和叫醒服务。可应宾客要求提供洗衣服务	
3. 8	客房内应 24 h 提供热饮用水，免费提供茶叶或咖啡	

续表

序号	项目	是否达标
3.9	应提供早、中、晚餐服务	
3.10	应提供与饭店接待能力相适应的宴会或会议服务	
3.11	应为残障人士提供必要的服务	
	总体是否达标结论	

表 A.4 四星级饭店必备项目检查表

序号	项目	是否达标
1	饭店总体要求	
1.1	建筑物外观和建筑结构有特色。饭店空间布局合理，方便宾客在饭店内活动	
1.2	内外装修应采用高档材料，符合环保要求，工艺精致，整体氛围协调	
1.3	各种指示用和服务用文字应至少用规范的中英文同时表示。导向标志清晰、实用、美观，导向系统的设置和公共信息图形符号应符合 GB/T 15566.8 和 GB/T 10001.1、GB/T 10001.2、GB/T 10001.4、GB/T 10001.9 的规定	
1.4	应有中央空调（别墅式度假饭店除外），各区域通风良好	
1.5	应有运行有效的计算机管理系统。主要营业区域均有终端，有效提供服务	
1.6	应有公共音响转播系统，背景音乐曲目、音量适宜，音质良好	
1.7	设施设备应维护保养良好，无噪音，安全完好、整洁、卫生和有效	
1.8	应具备健全的管理规范、服务规范与操作标准	
1.9	员工应着工装，体现岗位特色	
1.10	员工训练有素，能用普通话和英语提供服务，必要时可用第二种外国语提供服务	
1.11	应有突发事件（突发事件应包括火灾、自然灾害、饭店建筑物和设备设施事故、公共卫生和伤亡事件、社会治安事件等）处置的应急预案，有年度实施计划，并定期演练	
1.12	应有与本星级相适应的节能减排方案并付诸实施	
1.13	应有系统的员工培训规划和制度，有员工培训设施	
2	前厅	

续表

序号	项目	是否达标
2. 1	区位功能划分合理	
2. 2	整体装修精致，有整体风格、色调协调、光线充足	
2. 3	总服务台，位置合理，接待人员应 24 h 提供接待、问询和结账服务。并能提供留言、总账单结账、国内和国际信用卡结算及外币兑换等服务	
2. 4	应专设行李寄存处，配有饭店与宾客同时开启的贵重物品保险箱，保险箱位置安全、隐蔽，能够保护宾客的隐私	
2. 5	应提供饭店基本情况、客房价目等信息，提供所在地旅游资源、当地旅游交通及全国旅游交通信息，并在总台能提供中英文所在地交通图、与住店宾客相适应的报刊	
2. 6	在非经营区应设宾客休息场所	
2. 7	门厅及主要公共区域应有符合标准的残疾人出入坡道，配备轮椅，有残疾人专用卫生间或厕位，为残障人士提供必要的服务	
2. 8	应 24 h 接受包括电话、传真或网络等渠道的客房预订	
2. 9	应有门卫应接服务人员，18 h 迎送宾客	
2. 10	应有专职行李员，配有专用行李车，18 h 提供行李服务，提供小件行李寄存服务	
2. 11	应提供代客预订和安排出租汽车服务	
2. 12	应有相关人员处理宾客关系	
2. 13	应有管理人员 24 h 在岗值班	
3	客房	
3. 1	应有至少 40 间（套）可供出租的客房	
3. 2	70% 客房的面积（不含卫生间）应不小于 20 m^2	
3. 3	应有标准间（大床房、双床房），有两种以上规格的套房（包括至少 3 个开间的豪华套房），套房布局合理	
3. 4	装修高档。应有舒适的软垫床，配有写字台、衣橱及衣架、茶几、座椅或沙发、床头柜、全身镜、行李架等家具，布置合理。所有电器开关方便宾客使用。室内满铺高级地毯，或优质木地板或其他高级材料。采用区域照明，且目的物照明效果良好	
3. 5	客房门能自动闭合，应有门窥镜、门铃及防盗装置。客房内应在显著位置张贴应急疏散图及相关说明	

续表

序号	项目	是否达标
3.6	客房内应有装修良好的卫生间。有抽水恭桶、梳妆台（配备面盆、梳妆镜和必要的盥洗用品）、有浴缸或淋浴间，配有浴帘或其他防溅设施。采取有效的防滑措施。采用高档建筑材料装修地面、墙面和天花，色调高雅柔和。采用分区照明且目的物照明效果良好。有良好的低噪音排风设施，温湿度与客房适宜。有 110 V/220 V 不间断电源插座、电话副机。配有吹风机。24 h 供应冷、热水，水龙头冷热标识清晰。所有设施设备均方便宾客使用	
3.7	客房内应有饭店专用电话机，可以直接拨通或使用预付费电信卡拨打国际、国内长途电话，并备有电话使用说明和所在地主要电话指南	
3.8	应有彩色电视机，画面和音质良好。播放频道不少于 16 个，备有频道目录	
3.9	应有防噪音及隔音措施，效果良好	
3.10	应有内窗帘及外层遮光窗帘，遮光效果良好	
3.11	应有至少两种规格的电源插座，电源插座应有两个以上供宾客使用的插位，位置合理，并可提供插座转换器	
3.12	应有与本星级相适应的文具用品。配有服务指南、住宿须知、所在地旅游资源信息和旅游交通图等。可提供与住店宾客相适应的书、报刊	
3.13	床上用棉织品（床单、枕芯、枕套、被芯、被套及床衬垫等）及卫生间针织用品（浴巾、浴衣、毛巾等）材质较好、柔软舒适。	
3.14	客房、卫生间应每天全面整理一次，每日或应宾客要求更换床单、被套及枕套，客用品和消耗品补充齐全，并应宾客要求随时进房清理	
3.15	应提供互联网接入服务，并备有使用说明，使用方便	
3.16	应提供开夜床服务，放置晚安致意品	
3.17	应提供客房微型酒吧服务，至少 50% 的房间配备小冰箱，提供适量酒和饮料，并备有饮用器具和价目单。免费提供茶叶或咖啡。提供冷热饮用水，可应宾客要求提供冰块	
3.18	应提供客衣干洗、湿洗、熨烫服务，可在 24 h 内交还宾客。可提供加急服务	
3.19	应 18 h 提供送餐服务。有送餐菜单和饮料单，送餐菜式品种不少于 8 种，饮料品种不少于 4 种，甜食品种不少于 4 种，有可挂置门外的送餐牌	

续表

序号	项目	是否达标
3. 20	应提供留言及叫醒服务	
3. 21	应提供宾客在房间会客服务，可应宾客要求及时提供加椅和茶水服务	
3. 22	客房内应备有擦鞋用具，并提供擦鞋服务	
4	餐厅及吧室	
4. 1	应有布局合理、装饰设计格调一致的中餐厅	
4. 2	应有位置合理、格调优雅的咖啡厅（或简易西餐厅）。提供品质较高的自助早餐	
4. 3	应有宴会单间或小宴会厅。提供宴会服务	
4. 4	应有专门的酒吧或茶室	
4. 5	餐具应按中外习惯成套配置，无破损，光洁、卫生	
4. 6	菜单及饮品单应装帧精致，完整清洁，出菜率不低于90%	
5	厨房	
5. 1	位置合理、布局科学，传菜路线不与非餐饮公共区域交叉	
5. 2	厨房与餐厅之间，采取有效的隔音、隔热和隔气味措施。进出门自动闭合	
5. 3	墙面满铺瓷砖，用防滑材料满铺地面，有地槽	
5. 4	冷菜间、面点间独立分隔，有足够的冷气设备。冷菜间内有空气消毒设施和二次更衣设施	
5. 5	粗加工间与其他操作间隔离，各操作间温度适宜，冷气供给充足	
5. 6	应有必要的冷藏、冷冻设施，生熟食品及半成食品分柜置放，有干货仓库	
5. 7	洗碗间位置合理，配有洗碗和消毒设施	
5. 8	应有专门放置临时垃圾的设施并保持其封闭，排污设施（地槽、抽油烟机和排风口等）保持清洁通畅	
5. 9	采取有效的消杀蚊蝇、蟑螂等虫害措施	
5. 10	应有食品留样送检机制	
6	会议和康体设施	
6. 1	应有至少两种规格的会议设施，配备相应设施并提供专业服务	
6. 2	应有康体设施，布局合理，提供相应的服务	

续表

序号	项目	是否达标
7	公共区域	
7.1	饭店室外环境整洁美观	
7.2	饭店后台设施完备、导向清晰、维护良好	
7.3	应有回车线，并有足够泊位的停车场。提供相应的服务	
7.4	3层以上（含3层）建筑物应有数量充足的高质量客用电梯，轿厢装修高雅。配有服务电梯	
7.5	主要公共区域应有男女分设的间隔式公共卫生间，环境良好	
7.6	应有商品部，出售旅行日常用品、旅游纪念品等	
7.7	应有商务中心，可提供传真、复印、国际长途电话、打字等服务，有可供宾客使用的电脑，并可提供代发信件、手机充电等服务	
7.8	提供或代办市内观光服务	
7.9	应有公用电话	
7.10	应有应急照明设施和有应急供电系统	
7.11	主要公共区域有闭路电视监控系统	
7.12	走廊及电梯厅地面应满铺地毯或其他高档材料，墙面整洁、有装修装饰，温度适宜、通风良好、光线适宜。紧急出口标识清楚醒目，位置合理，无障碍物。有符合规范的逃生通道、安全避难场所	
7.13	应有必要的员工生活和活动设施	
	总体是否达标结论	

表 A.5　五星级饭店必备项目检查表

序号	项目	是否达标
1	总体要求	
1.1	建筑物外观和建筑结构应具有鲜明的豪华饭店的品质，饭店空间布局合理，方便宾客在饭店内活动	
1.2	内外装修应采用高档材料，符合环保要求，工艺精致，整体氛围协调，风格突出	
1.3	各种指示用和服务用文字应至少用规范的中英文同时表示。导向标志清晰、实用、美观，导向系统的设置和公共信息图形符号应符合GB/T 15566.8 和 GB/T 10001.1、GB/T 10001.2、GB/T 10001.4、GB/T 10001.9 的规定	

续表

序号	项目	是否达标
1.4	应有中央空调（别墅式度假饭店除外），各区域空气质量良好	
1.5	应有运行有效的计算机管理系统，前后台联网，有饭店独立的官方网站或者互联网主页，并能够提供网络预订服务	
1.6	应有公共音响转播系统。背景音乐曲目、音量与所在区域和时间段相适应，音质良好	
1.7	设施设备应维护保养良好，无噪音，安全完好、整洁、卫生和有效	
1.8	应具备健全的管理规范、服务规范与操作标准	
1.9	员工应着工装，工装专业设计、材质良好、做工精致	
1.10	员工训练有素，能用普通话和英语提供服务，必要时可用第二种外国语提供服务	
1.11	应有与本星级相适应的节能减排方案并付诸实施	
1.12	应有突发事件（突发事件应包括火灾、自然灾害、饭店建筑物和设备设施事故、公共卫生和伤亡事件、社会治安事件等）处置的应急预案，有年度实施计划，并定期演练	
1.13	应有系统的员工培训规划和制度，应有专门的教材、专职培训师及专用员工培训教室	
2	前厅	
2.1	功能划分合理，空间效果良好	
2.2	装饰设计有整体风格，色调协调，光线充足，整体视觉效果和谐	
2.3	总服务台位置合理，接待人员应24 h提供接待、问询和结账等服务。并能提供留言、总账单结账、国内和国际信用卡结算、外币兑换等服务	
2.4	应专设行李寄存处，配有饭店与宾客同时开启的贵重物品保险箱，保险箱位置安全、隐蔽，能够保护宾客的隐私	
2.5	应提供饭店基本情况、客房价目等信息，提供所在地旅游资源、当地旅游交通及全国旅游交通的信息，并在总台能提供中英文所在地交通图、与住店宾客相适应的报刊	
2.6	在非经营区应设宾客休息场所	
2.7	门厅及主要公共区域应有符合标准的残疾人出入坡道，配备轮椅，有残疾人专用卫生间或厕位，为残障人士提供必要的服务	
2.8	应24 h接受包括电话、传真或网络等渠道的客房预订	

续表

序号	项目	是否达标
2.9	应有专职的门卫应接服务人员，18 h 迎送宾客	
2.10	应有专职行李员，配有专用行李车，24 h 提供行李服务，提供小件行李寄存服务	
2.11	应提供代客预订和安排出租汽车服务	
2.12	应有专职人员处理宾客关系，18 h 在岗服务	
2.13	应提供礼宾服务	
2.14	应有管理人员 24 h 在岗值班	
3	客房	
3.1	应有至少 50 间（套）可供出租的客房	
3.2	70% 客房的面积（不含卫生间和门廊）应不小于 20 m^2	
3.3	应有标准间（大床房、双床房），残疾人客房，两种以上规格的套房（包括至少 4 个开间的豪华套房），套房布局合理	
3.4	装修豪华，具有良好的整体氛围。应有舒适的床垫及配套用品。写字台、衣橱及衣架、茶几、座椅或沙发、床头柜、全身镜、行李架等家具配套齐全、布置合理、使用便利。所有电器开关方便宾客使用。室内满铺高级地毯，或用优质木地板或其他高档材料装饰。采用区域照明，目的物照明效果良好	
3.5	客房门能自动闭合，应有门窥镜、门铃及防盗装置。客房内应在显著位置张贴应急疏散图及相关说明	
3.6	客房内应有装修精致的卫生间。有高级抽水恭桶、梳妆台（配备面盆、梳妆镜和必要的盥洗用品）、浴缸并带淋浴喷头（另有单独淋浴间的可以不带淋浴喷头），配有浴帘或其他有效的防溅设施。采取有效的防滑措施。采用豪华建筑材料装修地面、墙面和天花，色调高雅柔和。采用分区照明且目的物照明效果良好。有良好的无明显噪音的排风设施，温湿度与客房无明显差异。有 110 V/220 V 不间断电源插座、电话副机。配有吹风机。24 h 供应冷、热水，水龙头冷热标识清晰。所有设施设备均方便宾客使用	
3.7	客房内应有饭店专用电话机，方便使用。可以直接拨通或使用预付费电信卡拨打国际、国内长途电话，并备有电话使用说明和所在地主要电话指南	
3.8	应有彩色电视机，画面和音质优良。播放频道不少于 24 个，频道顺序有编辑，备有频道目录	
3.9	应有背景音乐，音质良好，曲目适宜，音量可调	
3.10	应有防噪音及隔音措施，效果良好	

续表

序号	项目	是否达标
3. 11	应有纱帘及遮光窗帘，遮光效果良好	
3. 12	应有至少两种规格的电源插座，电源插座应有两个以上供宾客使用的插位，位置方便宾客使用，并可提供插座转换器	
3. 13	应有与本星级相适应的文具用品。配有服务指南、住宿须知、所在地旅游景点介绍和旅游交通图等。提供与住店宾客相适应的报刊	
3. 14	床上用棉织品（床单、枕芯、枕套、被芯、被套及床衬垫等）及卫生间针织用品（浴巾、浴衣、毛巾等）材质高档、工艺讲究、柔软舒适。可应宾客要求提供多种规格的枕头	
3. 15	客房、卫生间应每天全面清理一次，每日或应宾客要求更换床单、被套及枕套，客用品和消耗品补充齐全，并应宾客要求随时进房清理	
3. 16	应提供互联网接入服务，并备有使用说明，使用方便	
3. 17	应提供开夜床服务，夜床服务效果良好	
3. 18	应提供客房微型酒吧（包括小冰箱）服务，配置适量与住店宾客相适应的酒和饮料，备有饮用器具和价目单。免费提供茶叶或咖啡。提供冷热饮用水，可应宾客要求提供冰块	
3. 19	应提供客衣干洗、湿洗、熨烫服务，可在 24 h 内交还宾客，可提供加急服务	
3. 20	应 24 h 提供送餐服务。有送餐菜单和饮料单，送餐菜式品种不少于 8 种，饮料品种不少于 4 种，甜食品种不少于 4 种，有可挂置门外的送餐牌，送餐车应有保温设备	
3. 21	应提供自动和人工叫醒、留言及语音信箱服务，服务效果良好	
3. 22	应提供宾客在房间会客服务，应宾客的要求及时提供加椅和茶水服务	
3. 23	客房内应备有擦鞋用具，并提供擦鞋服务	
4	餐厅及吧室	
4. 1	各餐厅布局合理、环境优雅、空气清新，不串味，温度适宜	
4. 2	应有装饰豪华、氛围浓郁的中餐厅	
4. 3	应有装饰豪华、格调高雅的西餐厅（或外国特色餐厅）或风格独特的风味餐厅，均配有专门厨房	
4. 4	应有位置合理、独具特色、格调高雅的咖啡厅，提供品质良好的自助早餐、西式正餐。咖啡厅（或有一餐厅）营业时间不少于 18 h	

续表

序号	项目	是否达标
4.5	应有3个以上宴会单间或小宴会厅。提供宴会服务，效果良好	
4.6	应有专门的酒吧或茶室	
4.7	餐具应按中外习惯成套配置，材质高档，工艺精致，有特色，无破损磨痕，光洁、卫生	
4.8	菜单及饮品单应装帧精美，完整清洁，出菜率不低于90%	
5	厨房	
5.1	位置合理、布局科学，传菜路线不与非餐饮公共区域交叉	
5.2	厨房与餐厅之间，采取有效的隔音、隔热和隔味的措施。进出门分开并能自动闭合	
5.3	墙面满铺瓷砖，用防滑材料满铺地面，有地槽	
5.4	冷菜间、面点间独立分隔，有足够的冷气设备。冷菜间内有空气消毒设施	
5.5	冷菜间有二次更衣场所及设施	
5.6	粗加工间与其他操作间隔离，各操作间温度适宜，冷气供应充足	
5.7	洗碗间位置合理（紧临厨房与餐厅出入口），配有洗碗和消毒设施	
5.8	有必要的冷藏、冷冻设施，生熟食品及半成食品分柜置放。有干货仓库	
5.9	有专门放置临时垃圾的设施并保持其封闭，排污设施（地槽、抽油烟机和排风口等）保持畅通清洁	
5.10	采取有效的消杀蚊蝇、蟑螂等虫害措施	
5.11	应有食品化验室或留样送检机制	
6	会议康乐设施	
6.1	应有两种以上规格的会议设施，有多功能厅，配备相应的设施并提供专业服务	
6.2	应有康体设施，布局合理，提供相应的服务	
7	公共区域	
7.1	饭店室外环境整洁美观，绿色植物维护良好	
7.2	饭店后台区域设施完好、卫生整洁、维护良好，前后台的衔接合理，通往后台的标识清晰	
7.3	应有效果良好的回车线，并有与规模相适应泊位的停车场，有残疾人停车位，停车场环境效果良好，提供必要的服务	

续表

序号	项目	是否达标
7.4	3层以上（含3层）建筑物应有数量充足的高质量客用电梯，轿厢装饰高雅，速度合理，通风良好；另备有数量、位置合理的服务电梯	
7.5	各公共区域均应有男女分设的间隔式公共卫生间，环境优良，通风良好	
7.6	应有商品部，出售旅行日常用品、旅游纪念品等	
7.7	应有商务中心，可提供传真、复印、国际长途电话、打字等服务，有可供宾客使用的电脑，并可提供代发信件、手机充电等服务	
7.8	提供或代办市内观光服务	
7.9	应有公用电话，并配有便签	
7.10	应有应急照明设施和应急供电系统	
7.11	主要公共区域有闭路电视监控系统	
7.12	走廊及电梯厅地面应满铺地毯或其他高档材料，墙面整洁、有装修装饰，温度适宜、通风良好、光线适宜。紧急出口标识清楚醒目，位置合理，无障碍物。有符合规范的逃生通道、安全避难场所	
7.13	应有充足的员工生活和活动设施	
	总体是否达标结论	

附录 B （规范性附录）

设施设备评分表

表 B.1 给出了设施设备评分表

表 B.1 设施设备评分表

序号	设施设备评分表	各大项总分	各分项总分	各次分项总分	各小项总分	计分	记分栏
1	地理位置、周围环境、建筑结构及功能布局	30					
1.1	地理位置及周围环境		8				
1.1.1	地理位置			3			

续表

序号	设施设备评分表	各大项总分	各分项总分	各次分项总分	各小项总分	计分	记分栏
	位于城市中心或商务区，旅游景区或度假区，机场、火车站、长途汽车站、码头等交通便利地带，可进入性好					3	
	靠近城市中心或商务区，旅游景区或度假区，机场、火车站、长途汽车站、码头，可进入性较好					2	
	可进入性一般					1	
1.1.2	周围环境（饭店建筑红线内）			5			
	花园（独立于饭店主体建筑的绿化场地，面积较大，有观赏景物或建筑小品，花木保养得当，环境整洁）					5	
	庭院（附属于饭店主体建筑，有一定的绿化和景观，可供散步、休闲，环境整洁）					3	
1.2	停车场（包括地下停车场、停车楼）		5				
1.2.1	停车位数量			4			
	自备停车场，车位不少于40%客房数					4	
	自备停车场，车位不少于15%客房数					3	
	在饭店周围200 m内可以停放汽车，车位不少于15%客房数					2	
	有回车线					1	
1.2.2	合理利用空间，有地下停车场（停车楼）等			1			
1.3	建筑结构及功能布局		17				
1.3.1	前厅部位功能设施位置恰当、分隔合理，方便宾客使用（酌情给1～3分）			3			
1.3.2	餐饮部位功能设施位置恰当、分隔合理，方便宾客使用（酌情给1～3分）			3			
1.3.3	客房部位功能设施位置恰当、分隔合理，方便宾客使用（酌情给1～3分）			3			
1.3.4	康乐及会议部位功能设施位置恰当、分隔合理，方便宾客使用（酌情给1～3分）			3			

续表

序号	设施设备评分表	各大项总分	各分项总分	各次分项总分	各小项总分	计分	记分栏
1.3.5	饭店建筑历史悠久，为文物保护单位			5			
	全国重点文物保护单位，建立并实施严格的文物保护措施					5	
	省级文物保护单位，建立并实施相应的文物保护措施					3	
	市、县级文物保护单位					1	
1.3.6	饭店配套设施不在主体建筑内又没有封闭通道相连（度假型饭店除外）			-5			
2	共用系统	52					
2.1	智能化管理系统		8				
2.1.1	结构化综合布线系统			2			
2.1.2	先进、有效的火灾报警与消防联动控制系统（含点报警、面报警、消防疏散广播等）			3			
2.1.3	先进的楼宇自动控制系统（新风/空调监控、供配电与照明监控、给排水系统监控等）			3			
2.2	信息管理系统		9				
2.2.1	覆盖范围			4			
	全面覆盖前后台，数据关联的饭店专用管理信息系统（前台管理系统、餐厅管理系统、财务管理系统、收益分析系统、人事管理系统、工程管理系统、库房管理系统、采购管理系统等数据流自动化处理并关联）					4	
	前后台均有独立的管理信息系统					2	
	只覆盖前台对客服务部门					1	
2.2.2	采取确保饭店信息安全的有效措施			2			
2.2.3	系统供应商			3			
	行业主流供应商，系统先进、运行稳定					3	
	非主流供应商					1	

续表

序号	设施设备评分表	各大项总分	各分项总分	各次分项总分	各小项总分	计分	记分栏
2.3	互联网		8				
2.3.1	覆盖范围			6			
	所有的客房配有互联网接口（有线、无线均可）					2	
	所有的会议室均有互联网接口（有线、无线均可）					2	
	所有的大堂区域均有无线网络覆盖					1	
	咖啡厅和大堂酒吧提供有线互联网接口（或有无线网络覆盖）					1	
2.3.2	应用			2			
	有独立网站，具有实时网上预订功能（非第三方订房网站）					2	
	在互联网上有饭店的独立网页和电子邮件地址					1	
2.4	空调系统		5				
2.4.1	四管制中央空调系统			5			
2.4.2	两管制中央空调系统			3			
2.4.3	无中央空调系统，但客房、餐厅及公共区域采用窗式、分体式或柜式空调			1			
2.5	应急供电		6				
2.5.1	自备发电设施					3	
2.5.2	应急供电系统（指两路以上供电）					2	
2.5.3	应急照明设施					1	
2.6	移动电话信号覆盖所有客房及公共区域		2				
2.7	节能措施与环境管理		14				
2.7.1	有建筑节能设计（如自然采光、新型墙体材料、环保装饰材料等）			2			
2.7.2	采用有新能源的设计与运用（如太阳能、生物能、风能、地热等）			2			
2.7.3	采用环保设备和用品（使用溴化锂吸收式等环保型冷水机组、使用无磷洗衣粉、使用环保型冰箱、不使用哈龙灭火器等）			2			

续表

序号	设施设备评分表	各大项总分	各分项总分	各次分项总分	各小项总分	计分	记分栏
2.7.4	采用节能产品（如节能灯、感应式灯光、水龙头控制等），采取节能及环境保护的有效措施（客房内环保提示牌，不以野生保护动物为食品原料等）			2			
2.7.5	有中水处理系统			2			
2.7.6	有污水、废气处理设施			2			
2.7.7	垃圾房			2			
	有垃圾房及相应管理制度，并有湿垃圾干处理装置					2	
	有垃圾房及相应管理制度					1	
3	前厅	62					
3.1	地面装饰		8				
	采用高档花岗岩、大理石或其他高档材料（材质高档、色泽均匀、拼接整齐、工艺精致、装饰性强，与整体氛围相协调）					8	
	采用优质花岗岩、大理石或其他材料（材质良好，工艺较好）					6	
	采用普通花岗岩、大理石或其他材料（材质一般，有色差）					4	
	采用普通材料（普通木地板、地砖等）					2	
3.2	墙面装饰		6				
	采用高档花岗岩、大理石或其他高档材料（材质高档、色泽均匀、拼接整齐、工艺精致、装饰性强，与整体氛围相协调）					6	
	采用优质木材或高档墙纸（布）（立面有线条变化，高档墙纸包括丝质及其他天然原料墙纸）					4	
	采用普通花岗岩、大理石或木材					2	
	采用墙纸或喷涂材料					1	
3.3	天花		5				
	工艺精致、造型别致，与整体氛围相协调					5	

续表

序号	设施设备评分表	各大项总分	各分项总分	各次分项总分	各小项总分	计分	记分栏
	工艺较好，格调一般					3	
	有一定装饰					1	
3.4	艺术装饰		2				
	有壁画或浮雕或其他艺术品装饰					2	
	有简单艺术装饰					1	
3.5	家具（台，沙发等）		5				
	设计专业、材质高档、工艺精致，摆设合理，使用方便、舒适					5	
	材质较好，工艺较好					3	
	材质普通，工艺一般					1	
3.6	灯具与照明		5				
	照明设计有专业性，采用高档定制灯具，功能照明、重点照明、氛围照明和谐统一					5	
	采用高档灯具，照明整体效果较好					3	
	采用普通灯具，照明效果一般					1	
3.7	整体装饰效果		4				
	色调协调，氛围浓郁，有中心艺术品，感观效果突出					4	
	有艺术品装饰，工艺较好，氛围一般					2	
	有一定的装饰品					1	
3.8	公共卫生间		9				
3.8.1	位置合理（大堂应设置公共卫生间，且与大堂在同一楼层）			2			
3.8.2	材料、装修和洁具（对所有公共卫生间分别打分，取算术平均值的整数部分）			3			
	设计专业（洁具、灯光、冷热水、照明、通风、空调等），采用高档装修材料，装修工艺精致，采用高级洁具					3	

续表

序号	设施设备评分表	各大项总分	各分项总分	各次分项总分	各小项总分	计分	记分栏
	采用较高档装修材料，装修工艺较好，采用较好洁具					2	
	采用普通装修材料，装修工艺一般，采用普通洁具					1	
3. 8. 3	残疾人卫生间			2			
	有残疾人专用卫生间					2	
	有残疾人专用厕位					1	
3. 8. 4	公共卫生间设施（少一项，扣 1 分）						
	抽水恭桶						
	卫生纸						
	污物桶						
	半身镜						
	洗手盆						
	洗手液或香皂						
	烘手机或擦手纸						
3. 8. 5	每个抽水恭桶都有单独的隔间，隔间的门有插销，所有隔间都配置衣帽钩			1			
3. 8. 6	每两个男用小便器中间有隔板，使用自动冲水装置			1			
3. 9	客用电梯		10				
3. 9. 1	数量			2			
	不少于平均每 70 间客房一部客用电梯					2	
	不少于平均每 100 间客房一部客用电梯					1	
3. 9. 2	性能优良、运行平稳、梯速合理			2			
3. 9. 3	内饰与设备			4			
3. 9. 3. 1	有一定装饰、照明充足				0. 5		
3. 9. 3. 2	有饭店主要设施楼层指示				0. 5		
3. 9. 3. 3	有扶手杆				0. 5		

续表

序号	设施设备评分表	各大项总分	各分项总分	各次分项总分	各小项总分	计分	记分栏
3.9.3.4	有通风系统				0.5		
3.9.3.5	与外界联系的对讲功能				0.5		
3.9.3.6	有残疾人专用按键				0.5		
3.9.3.7	轿厢两侧均有按键				0.5		
3.9.3.8	有抵达行政楼层或豪华套房楼层的专用控制措施				0.5		
3.9.4	有观光电梯			1			
3.9.5	有自动扶梯			1			
3.10	贵重物品保险箱		2				
3.10.1	数量不少于客房数量的8%，不少于两种规格			1			
3.10.2	位置隐蔽、安全、能保护宾客隐私			1			
3.11	前厅整体舒适度		6				
3.11.1	绿色植物、花卉摆放得体，插花有艺术感，令宾客感到自然舒适			2			
3.11.2	光线、温度适宜			2			
3.11.3	背景音乐曲目适宜、音质良好、音量适中，与前厅整体氛围协调			2			
3.11.4	异味，烟尘，噪音，强风（扣分，每项扣1分）			-4			
3.11.5	置于前厅明显位置的商店、摊点影响整体氛围			-4			
4	客房	191					
4.1	普通客房（4.1～4.10均针对普通客房打分）		26				
4.1.1	70%客房的净面积（不包括卫生间和门廊）			16			
	不小于36 m^2					16	
	不小于30 m^2					12	
	不小于24 m^2					8	
	不小于20 m^2					6	
	不小于16 m^2					4	

续表

序号	设施设备评分表	各大项总分	各分项总分	各次分项总分	各小项总分	计分	记分栏
	不小于 14 m^2					2	
4. 1. 2	净高度			4			
	不低于 3 m					4	
	不低于 2. 7 m					2	
4. 1. 3	软床垫（长度不小于 1. 9 m），宽度			6			
4. 1. 3. 1	单人床				3		
	不小于 1. 35 m					3	
	不小于 1. 2 m					2	
	不小于 1. 1 m					1	
4. 1. 3. 2	双人床				3		
	不小于 2. 2 m					3	
	不小于 2. 0 m					2	
	不小于 1. 8 m					1	
4. 2	装修与装饰		11				
4. 2. 1	地面			3			
	采用优质地毯或木地板，工艺精致					3	
	采用高档地砖、普通地毯或木地板，工艺较好					2	
	采用普通地砖或水磨石地面，工艺一般					1	
4. 2. 2	墙面			2			
	采用高级墙纸或其他优质材料，有艺术品装饰					2	
	采用普通涂料或墙纸					1	
4. 2. 3	天花有装饰			2			
4. 2. 4	整体装饰效果			4			
	工艺精致、色调协调，格调高雅					4	
	工艺较好、格调统一					2	
	工艺一般					1	

续表

序号	设施设备评分表	各大项总分	各分项总分	各次分项总分	各小项总分	计分	记分栏
4.3	家具		7				
4.3.1	档次			4			
	设计专业、材质高档、工艺精致，摆设合理，使用方便、舒适					4	
	材质较好，工艺较好					2	
	材质普通，工艺一般					1	
4.3.2	衣橱			3			
	步入式衣物储藏间					3	
	进深不小于 55 cm，宽度不小于 110 cm					2	
	进深不小于 45 cm，宽度不小于 90 cm					1	
4.4	灯具和照明		11				
4.4.1	灯具配备			9			
4.4.1.1	主光源（顶灯或槽灯）				1		
4.4.1.2	门廊照明灯				1		
4.4.1.3	床头照明灯				1		
4.4.1.4	写字台照明灯				1		
4.4.1.5	衣柜照明灯				1		
4.4.1.6	行李柜照明灯				1		
4.4.1.7	小酒吧照明灯				1		
4.4.1.8	装饰物照明灯				1		
4.4.1.9	夜灯				1		
4.4.2	灯光控制			2			
	各灯具开关位置合理，床头有房间灯光“一键式”总控制开关，标识清晰，方便使用					2	
	各灯具开关位置合理，方便使用					1	
4.5	彩色电视机		6				

续表

序号	设施设备评分表	各大项总分	各分项总分	各次分项总分	各小项总分	计分	记分栏
4.5.1	类型与尺寸			3			
	平板电视，不小于25英寸					3	
	普通电视，不小于25英寸					2	
	普通电视，不小于21英寸					1	
4.5.2	频道和节目			2			
	卫星、有线闭路电视节目不少于30套					1	
	外语频道或外语节目不少于3套					1	
4.5.3	有电视频道指示说明及电视节目单			1			
4.6	客房电话		5				
4.6.1	程控电话机，有直拨国际、国内长途功能			1			
4.6.2	有语音信箱及留言指示灯			1			
4.6.3	电话机上有饭店常用电话号码和使用说明			1			
4.6.4	附设写字台电话（双线制）			1			
4.6.5	配备本地电话簿			1			
4.7	微型酒吧（包括小冰箱）		5				
4.7.1	数量			3			
	100%的客房有微型酒吧（包括小冰箱）					3	
	不少于50%的客房有微型酒吧（包括小冰箱）					1	
4.7.2	提供适量饮品和食品，并配备相应的饮具			1			
4.7.3	100%以上客房配备静音、节能、环保型小冰箱			1			
4.8	客房便利设施及用品		12				
4.8.1	电热水壶			1			
4.8.2	熨斗和熨衣板			1			
4.8.3	西装衣撑			1			
4.8.4	每房不少于4个西服衣架、2个裤架和2个裙架			1			
4.8.5	不间断电源插座（国际通用制式）不少于两处，并有明确标识，方便使用			1			

续表

序号	设施设备评分表	各大项总分	各分项总分	各次分项总分	各小项总分	计分	记分栏
4. 8. 6	吹风机			1			
4. 8. 7	浴衣（每客 1 件）			1			
4. 8. 8	备用被毯（每床 1 条）			1			
4. 8. 9	咖啡（含伴侣、糖），配相应杯具			1			
4. 8. 10	环保或纸制礼品袋（每房 2 个）			1			
4. 8. 11	针线包			1			
4. 8. 12	文具（含铅笔，橡皮，曲别针等）			1			
4. 9	客房必备物品（少一项，扣 1 分）						
	服务指南（含欢迎词、饭店各项服务简介）						
	笔						
	信封（每房不少于 2 个）						
	信纸（每房不少于 4 张）						
	免费茶叶						
	暖水瓶（有电热水壶可不备）						
	凉水瓶（或免费矿泉水）						
	擦鞋用具（每房 2 份）						
	“请勿打扰”“请清理房间”挂牌或指示灯						
	垃圾桶						
	根据不同床型配备相应数量的枕芯、枕套、床单、毛毯或棉被						
4. 10	客房卫生间		50				
4. 10. 1	70% 的客房卫生间面积			8			
	不小于 8 m^2					8	
	不小于 6 m^2					6	
	不小于 5 m^2					4	
	不小于 4 m^2					2	

续表

序号	设施设备评分表	各大项总分	各分项总分	各次分项总分	各小项总分	计分	记分栏
	小于 4 m^2					1	
4.10.2	卫生间装修			6			
	专业设计，全部采用高档材料装修（优质大理石、花岗岩等）、工艺精致，采用统一风格的高级品牌卫浴设施					6	
	采用高档材料装修，工艺较好					4	
	采用普通材料装修，工艺一般					2	
4.10.3	卫生间设施布局			4			
	不少于50%的客房卫生间淋浴、浴缸、恭桶分隔					4	
	不少于50%的客房卫生间淋浴和浴缸分隔					3	
	不少于50%的客房卫生间有浴缸					1	
4.10.4	面盆及五金件			2			
	高档面盆及配套五金件					2	
	普通面盆及五金件					1	
4.10.5	浴缸及淋浴			12			
4.10.5.1	浴缸和淋浴间均有单独照明，分区域照明充足				1		
4.10.5.2	完全打开热水龙头，水温在 15 s 内上升到 46 ~ 51℃，水温稳定				1		
4.10.5.3	水流充足（水压为 0.2 ~ 0.35 MPa）、水质良好				1		
4.10.5.4	淋浴间下水保持通畅，不外溢				1		
4.10.5.5	浴缸				3		
	高档浴缸（配带淋浴喷头）及配套五金件					3	
	普通浴缸（配带淋浴喷头）或只有淋浴间					1	
4.10.5.6	所有浴缸上方安装扶手，符合安全规定				1		
4.10.5.7	淋浴喷头的水流可以调节				1		
4.10.5.8	淋浴有水流定温功能				1		

续表

序号	设施设备评分表	各大项总分	各分项总分	各次分项总分	各小项总分	计分	记分栏
4.10.5.9	配备热带雨林喷头				1		
4.10.5.10	浴缸及淋浴间配有防滑设施（或有防滑功能）				1		
4.10.6	恭桶			3			
	高档节水恭桶					3	
	普通节水恭桶					1	
4.10.7	其他			15			
4.10.7.1	饮用水系统				2		
4.10.7.2	梳妆镜				2		
	防雾梳妆镜					2	
	普通梳妆镜					1	
4.10.7.3	化妆放大镜				1		
4.10.7.4	面巾纸				1		
4.10.7.5	110 V/220 V 不间断电源插座（低电流）				1		
4.10.7.6	晾衣绳				1		
4.10.7.7	呼救按钮或有呼救功能的电话				1		
4.10.7.8	连接客房电视的音响装置				1		
4.10.7.9	体重秤				1		
4.10.7.10	电话副机（方便宾客取用）				1		
4.10.7.11	浴室里挂钩不少于 1 处，方便使用				1		
4.10.7.12	浴帘或其他防溅设施				1		
4.10.7.13	浴巾架				1		
4.10.8	卫生间客用必备品（少一项扣一分）						
4.10.8.1	漱口杯（每房 2 个）						
4.10.8.2	浴巾（每房 2 条）						
4.10.8.3	地巾						

续表

序号	设施设备评分表	各大项总分	各分项总分	各次分项总分	各小项总分	计分	记分栏
4.10.8.4	面巾（每房2条）						
4.10.8.6	卫生袋						
4.10.8.7	卫生纸						
4.10.8.8	垃圾桶						
4.11	套房		14				
4.11.1	数量			3			
	不少于客房总数的20%（不包括连通房）					3	
	不少于客房总数的10%（不包括连通房）					2	
	不少于客房总数的5%（不包括连通房）					1	
4.11.2	规格			6			
4.11.2.1	至少有三种规格的套房				2		
4.11.2.2	有豪华套房				4		
	至少有卧室2间、会客室、餐厅、书房各1间（卫生间3间）					4	
	至少有卧室2间、会客室1间、餐厅或书房各1间（卫生间3间）					2	
4.11.3	套房卫生间			5			
4.11.3.1	有供主人和来访宾客分别使用的卫生间				2		
4.11.3.2	有由卧室和客厅分别直接进入的卫生间（双门卫生间）				1		
4.11.3.3	有音响装置				1		
4.11.3.4	配有电视机				1		
4.12	有残疾人客房，配备相应的残障设施		2				
4.13	设无烟楼层		2				
4.14	客房舒适度		35				
4.14.1	布草			15			

续表

序号	设施设备评分表	各大项总分	各分项总分	各次分项总分	各小项总分	计分	记分栏
4. 14. 1. 1	床单、被套、枕套的纱支规格				6		
	不低于 80×60 支纱					6	
	不低于 60×40 支纱					3	
	不低于 40×40 支纱					1	
4. 14. 1. 2	床单、被套、枕套的含棉量为 100%				1		
4. 14. 1. 3	毛巾（含浴巾、面巾、地巾、方巾等）的纱支规格				2		
	32 支纱（或螺旋 16 支），含棉量为 100%					2	
	不低于 16 支纱					1	
4. 14. 1. 4	毛巾（含浴巾、面巾、地巾、方巾等）规格（一个规格不达标扣 0. 5 分，扣满 2 分以上，降低一挡）				6		
	浴巾：不小于 1 400 mm×800 mm，重量不低于 750 g； 面巾：不小于 750 mm×350 mm，重量不低于 180 g； 地巾：不小于 800 mm×500 mm，重量不低于 450 g； 方巾：不小于 320 mm×320 mm，重量不低于 55 g					6	
	浴巾：不小于 1 300 mm×700 mm，重量不低于 500 g； 面巾：不小于 600 mm×300 mm，重量不低于 120 g； 地巾：不小于 700 mm×400 mm，重量不低于 320 g； 方巾：不小于 300 mm×300 mm，重量不低于 45 g					3	
	浴巾：不小于 1 200 mm×600 mm，重量不低于 400 g； 面巾：不小于 550 mm×300 mm，重量不低于 110 g； 地巾：不小于 650 mm×350 mm，重量不低于 280 g					1	
4. 14. 2	床垫硬度适中、无变形，可提供 3 种以上不同类型的枕头			2			
4. 14. 3	温度			3			
4. 14. 3. 1	室内温度可调节				2		
4. 14. 3. 2	公共区域与客房区域温差不超过 5℃				1		
4. 14. 4	相对湿度：冬季为 50%～55%，夏季为 45%～50%			2			
4. 14. 5	客房门、墙、窗、天花、卫生间采取隔音措施，效果良好			2			

续表

序号	设施设备评分表	各大项总分	各分项总分	各次分项总分	各小项总分	计分	记分栏
	客房隔音效果差，或部分客房靠近高噪音设施（如歌舞厅、保龄球场、洗衣房等），影响宾客休息					-4	
4. 14. 6	窗帘与客房整体设计匹配，有纱帘，方便开闭，密闭遮光效果良好			2			
4. 14. 7	照明效果			3			
	专业设计，功能照明、重点照明、氛围照明和谐统一					3	
	有目的物照明光源，满足不同区域的照明需求					2	
	照明效果一般					1	
4. 14. 8	客用品方便取用，插座、开关位置合理，方便使用			2			
4. 14. 9	艺术品、装饰品搭配协调，布置雅致；家具、电器、灯饰档次匹配，色调和谐			2			
4. 14. 10	电视机和背景音乐系统的音、画质良好，节目及音量调节方便有效			2			
4. 15	客房走廊及电梯厅		5				
4. 15. 1	走廊宽度不少于 1. 8 m，高度不低于 2. 3 m			1			
4. 15. 2	光线适宜			1			
4. 15. 3	通风良好，温度适宜			1			
4. 15. 4	客房门牌标识醒目，制作精良			1			
4. 15. 5	管道井、消防设施的装饰与周边氛围协调			1			
5	餐饮	59					
5. 1	餐厅［5. 1 ~ 5. 2 对各个餐厅（不包括食街和快餐厅）分别打分，然后根据餐厅数量取算术平均值的整数部分］		32				
5. 1. 1	布局			8			
5. 1. 1. 1	接待区装饰风格（接待台、预订台）与整体氛围协调				1		
5. 1. 1. 2	有宴会单间或小宴会厅				3		

续表

序号	设施设备评分表	各大项总分	各分项总分	各次分项总分	各小项总分	计分	记分栏
5. 1. 1. 3	靠近厨房，传菜线路不与非餐饮公共区域交叉				2		
5. 1. 1. 4	有酒水台				1		
5. 1. 1. 5	有分区设计，有绿色植物或一定装饰品				1		
5. 1. 2	装饰			14			
5. 1. 2. 1	地面装饰				4		
	采用优质花岗岩、大理石、地毯、木地板或其他与整体装饰风格相协调的高档材料（材质高档、色泽均匀、拼接整齐、装饰性强，与整体氛围相协调）					4	
	采用普通大理石、地毯、木地板或其他材料（ 材质一般，有色差，拼接整齐，装饰性较强）					2	
	采用普通材料（普通木地板、地砖等）					1	
5. 1. 2. 2	墙面装饰				4		
	采用优质花岗岩、大理石或其他与整体装饰风格相协调的高档材料（材质高档、色泽均匀、拼接整齐、装饰性强，与整体氛围相协调）					4	
	采用优质木材或高档墙纸（布）（立面有线条变化，高档墙纸包括丝质及其他天然原料墙纸）					3	
	采用普通花岗岩、大理石、木材					2	
	采用普通墙纸或喷涂材料					1	
5. 1. 2. 3	天花				3		
	工艺精致，造型别致，格调高雅					3	
	工艺较好，格调一般					2	
	有一定装饰					1	
5. 1. 3	家具				3		
	设计专业、材质高档、工艺精致，摆设合理，使用方便、舒适					3	
	材质较好，工艺较好					2	

续表

序号	设施设备评分表	各大项总分	各分项总分	各次分项总分	各小项总分	计分	记分栏
	材质普通，工艺一般					1	
5.1.4	灯具与照明			3			
	照明设计有专业性，采用高档定制灯具，功能照明、重点照明、氛围照明和谐统一					3	
	采用高档灯具，照明整体效果较好					2	
	采用普通灯具，照明效果一般					1	
5.1.5	餐具			3			
	高档材质，工艺精致，有一定的艺术性，与整体氛围协调					3	
	较好材质与工艺					2	
	一般材质与工艺					1	
5.1.6	菜单及酒水单			3			
	用中文、英文及相应外文印制，有独立酒水单，装帧精美，出菜率不低于90%					3	
	用中英文印刷，装帧较好，出菜率不低于90%					2	
	有中文菜单，保持完整、清洁					1	
5.1.7	不使用一次性筷子和一次性湿毛巾，不使用塑料桌布			1			
5.2	厨房		12				
5.2.1	应有与餐厅经营面积和菜式相适应的厨房区域（含粗细加工间、面点间、冷菜间、冻库等）			2			
5.2.2	为某特定类型餐厅配有专门厨房（每个1分，最多2分）			2			
5.2.3	位置合理、布局科学，传菜路线不与非餐饮公共区域交叉			2			
5.2.4	冷、热制作间分隔			1			
5.2.5	配备与厨房相适应的保鲜和冷冻设施，生熟分开			1			

续表

序号	设施设备评分表	各大项总分	各分项总分	各次分项总分	各小项总分	计分	记分栏
5.2.6	粗细加工间分隔			1			
5.2.7	洗碗间位置合理			1			
5.2.8	厨房与餐厅间采用有效的隔音、隔热、隔味措施			1			
5.2.9	厨房内、灶台上采取有效的通风、排烟措施			1			
5.3	酒吧、茶室及其他吧室		7				
5.3.1	装修与装饰（包含台、家具、餐具、饮具等）			4			
	专业设计，材质高档、工艺精致，氛围协调，呈现一定主题					4	
	较好材质与工艺					2	
	普通材质与工艺					1	
5.3.2	氛围			3			
	环境高雅、独特，装饰及灯光设计有专业性					3	
	氛围较好					2	
	氛围一般					1	
5.4	餐饮区域整体舒适度		8				
5.4.1	整体设计有专业性，格调高雅，色调协调、有艺术感			2			
5.4.2	温湿度适宜，通风良好，无炊烟及烟酒异味			2			
5.4.3	专业设计照明，环境舒适，无噪音。背景音乐曲目、音量适宜，音质良好			2			
5.4.4	餐具按各菜式习惯配套齐全，无破损，无水迹			2			
5.4.5	任一餐厅（包括宴会厅）与其厨房不在同一楼层			-2			
6	安全设施	16					
6.1	客房安全设施		8				
6.1.1	电子卡门锁或其他高级门锁			2			
6.1.2	客房门有自动闭合功能			1			

续表

序号	设施设备评分表	各大项总分	各分项总分	各次分项总分	各小项总分	计分	记分栏
6.1.3	贵重物品保险箱			3			
6.1.3.1	位置隐蔽，照明良好，方便使用				1		
6.1.3.2	数量				2		
	100%的客房配备					2	
	不少于50%的客房配备					1	
6.1.4	客房配备逃生电筒，使用有效			1			
6.1.5	客房配备与宾客人数相等的防毒面具			1			
6.2	公共区域		6				
6.2.1	有安保人员24 h值班、巡逻			2			
6.2.2	闭路电视监控			2			
	覆盖饭店所有公共区域。画面清晰，定期保存监控资料（以当地有关部门规定为准）					2	
	电梯、大堂、走廊、停车场出入口等主要公共区域有闭路电视监控					1	
6.2.3	通往后台区域有明显提示，有安全可靠的钥匙管理制度			1			
6.2.4	各通道显著位置设有紧急出口标志			1			
6.3	食品安全		2				
	设食品留样化验室，并有相应管理制度					2	
	设食品留样柜					1	
7	员工设施	7					
7.1	有独立的员工食堂		1				
7.2	有独立的更衣间		1				
7.3	有员工浴室		1				
7.4	有倒班宿舍		1				
7.5	有员工专用培训教室，配置必要的教学仪器和设备		1				

续表

序号	设施设备评分表	各大项总分	各分项总分	各次分项总分	各小项总分	计分	记分栏
7.6	有员工活动室		1				
7.7	有员工电梯（或服务电梯）		1				
8	特色类别	183					
8.1	商务会议型旅游饭店设施		70				
8.1.1	行政楼层			14			
8.1.1.1	专设接待台，可办理入住、离店手续，并提供问询、留言等服务				1		
8.1.1.2	提供电脑上网、复印、传真等服务				1		
8.1.1.3	有小会议室或洽谈室				1		
8.1.1.4	有餐饮区域（行政酒廊，提供早餐、欢乐时光、下午茶），面积与行政楼层客房数相匹配，应设置备餐间				4		
8.1.1.5	设阅览、休息区域				1		
8.1.1.6	可提供管家式服务				2		
8.1.1.7	设公共卫生间				1		
8.1.1.8	行政楼层的客房				3		
8.1.1.8.1	客用品配置高于普通楼层客房					2	
8.1.1.8.2	附设写字台电话，且有一键式呼叫管家服务按钮					1	
8.1.2	大宴会厅或多功能厅（应配有与服务面积相匹配的厨房）			23			
8.1.2.1	面积（面积计算以固定隔断为准，序厅面积达不到要求，减1分）				6		
	无柱，不小于800 m^2 且序厅不小于250 m^2					6	
	不小于500 m^2 且序厅不小于150 m^2					4	
	不小于240 m^2 且序厅不小于70 m^2					2	
8.1.2.2	净高度				3		
	不低于6 m					3	

续表

序号	设施设备评分表	各大项总分	各分项总分	各次分项总分	各小项总分	计分	记分栏
	不低于5 m					2	
	不低于3.5 m					1	
8.1.2.3	设专用入口				1		
8.1.2.4	设专用通道（楼梯、自动扶梯等）				1		
8.1.2.5	装修与装饰				4		
	专业设计、材质高档、工艺精致，氛围协调					4	
	材质高档、工艺较好					2	
	材质一般，工艺一般					1	
8.1.2.6	音响效果良好，隔音效果良好				1		
8.1.2.7	通风良好，温度适宜				1		
8.1.2.8	配设衣帽间				1		
8.1.2.9	灯光				3		
	专业设计、可营造不同氛围					3	
	灯光分区控制，亮度可调节					2	
	灯光分区控制					1	
8.1.2.10	设贵宾休息室，位置合理，并有专用通道进入大宴会厅				2		
8.1.3	会议厅			12			
8.1.3.1	面积（如有多个会议厅，可以累计得分，但总分不超过8分）				4		
	不小于400 m^2					4	
	不小于300 m^2					3	
	不小于200 m^2					2	
8.1.3.2	有座席固定的会议厅				2		
8.1.3.3	小会议室（至少容纳8人开会）				3		
	不少于4个					3	

续表

序号	设施设备评分表	各大项总分	各分项总分	各次分项总分	各小项总分	计分	记分栏
	不少于 2 个					1	
8.1.3.4	通风良好，温度适宜				1		
8.1.3.5	灯光分区控制，亮度可调节，遮光效果良好				1		
8.1.3.6	隔音效果良好				1		
8.1.4	会议设施			4			
8.1.4.1	同声传译功能设置（设备可租借）				1		
8.1.4.2	电视电话会议功能设置（设备可租借）				1		
8.1.4.3	多媒体演讲系统（电脑、即席发言麦克风、投影仪、屏幕等）				1		
8.1.4.4	各会议室音响效果良好				1		
8.1.5	展览厅（布展面积）			8			
	至少 5 000 m^2，层高不低于 10 m					8	
	至少 2 000 m^2，层高不低于 7 m					4	
8.1.6	商务中心			9			
8.1.6.1	位置合理、方便宾客使用				1		
8.1.6.2	配备完整的办公设施（包括复印机、打印机、传真机、装订机、手机充电器等），提供秘书服务，报纸杂志				2		
8.1.6.3	装修与装饰				3		
	专业设计，材质高档，工艺精致，与整体氛围协调，与饭店规模与档次匹配					3	
	材质较好、工艺较好					2	
	材质一般，工艺一般					1	
8.1.6.4	有洽谈室（或出租式办公室）				2		
8.1.6.5	有相对独立区域，提供可联结互联网的电脑				1		
8.2	休闲度假型旅游饭店设施		65				
8.2.1	温泉浴场			5			

续表

序号	设施设备评分表	各大项总分	各分项总分	各次分项总分	各小项总分	计分	记分栏
	自用温泉浴场（饭店同一业主投资经营）					5	
	邻近温泉浴场（1 km 以内）					2	
8. 2. 2	海滨浴场			5			
	自用海滨浴场或有租用 5 年以上合同（饭店同一业主投资经营）					5	
	邻近海滨浴场（1 km 以内）					2	
8. 2. 3	滑雪场			5			
	自用滑雪场（饭店同一业主投资经营）					5	
	邻近滑雪场（5 km 以内）					2	
8. 2. 4	高尔夫球场			5			
	18 洞以上的自用高尔夫球场（饭店同一业主投资经营）					5	
	邻近 18 洞以上的高尔夫球场（5 km 以内）					2	
8. 2. 5	客房阳台			2			
	不少于 50% 的客房有阳台					2	
	不少于 30% 的客房有阳台					1	
8. 2. 6	除必备要求外，有多种风味餐厅			5			
	风味餐厅数量不少于 3 个					5	
	风味餐厅数量不少于 2 个					3	
8. 2. 7	游泳池			10			
8. 2. 7. 1	室内游泳池面积				3		
	不小于 250 m^2					3	
	不小于 150 m^2					2	
	不小于 80 m^2					1	
8. 2. 7. 2	室外游泳池面积				2		
	不小于 300 m^2					2	

续表

序号	设施设备评分表	各大项总分	各分项总分	各次分项总分	各小项总分	计分	记分栏
	不小于 150 m^2					1	
8.2.7.3	有池水循环过滤系统				1		
8.2.7.4	有消毒池				1		
8.2.7.5	有戏水池				1		
8.2.7.6	有水深、水温和水质的明显指示标志（立式或墙上）				1		
8.2.7.7	有扶手杆，在明显位置悬挂救生设备，有安全说明，并有专人负责现场安全与指导，有应急照明设施				1		
8.2.8	桑拿浴			2			
8.2.8.1	男女分设				1		
8.2.8.2	有呼叫按钮和安全提示				1		
8.2.9	蒸汽浴			2			
8.2.9.1	男女分设				1		
8.2.9.2	有呼叫按钮和安全提示				1		
8.2.10	专业保健理疗			1			
8.2.11	水疗			7			
8.2.11.1	装修装饰				3		
	专业灯光、音响设计，装修材质高档、工艺精致，氛围浓郁					3	
	装修材料普通，装修工艺一般，					1	
8.2.11.2	配有专业水疗技师				2		
8.2.11.3	专业水疗用品商店				1		
8.2.11.4	有室外水疗设施				1		
8.2.12	壁球室（每个 1 分，最多 2 分）			2			
8.2.13	室内网球场（每个 2 分，最多 4 分）			4			
8.2.14	室外网球场（每个 1 分，最多 2 分）			2			

续表

序号	设施设备评分表	各大项总分	各分项总分	各次分项总分	各小项总分	计分	记分栏
8.2.15	室外高尔夫练习场			2			
8.2.16	室内电子模拟高尔夫			1			
8.2.17	有儿童活动场所和设施，并有专人看护			1			
8.2.18	其他运动娱乐休闲项目（每类1分，最多4分）			4			
8.3	其他		48				
8.3.1	健身房			18			
8.3.1.1	布局合理，通风良好，照明良好（与客房区域相对隔离）				2		
8.3.1.2	自然采光，光线充足				2		
8.3.1.3	装修装饰				3		
	专业设计，装修材质高档、工艺精致，氛围营造突出					3	
	装修材质较好、工艺较好					2	
	装修材料普通，工艺一般					1	
8.3.1.4	面积				4		
	不小于200 m^2					4	
	不小于100 m^2					2	
	不小于50 m^2					1	
8.3.1.5	器械				2		
	专业健身器械，不少于10种					2	
	不少于5种					1	
8.3.1.6	有音像设施和器械使用说明				1		
8.3.1.7	有专用形体房，并开设一定形体课程				2		
8.3.1.8	配备专业健身教练，提供专业指导				2		
8.3.2	更衣室			7			
8.3.2.1	面积和数量				2		

续表

序号	设施设备评分表	各大项总分	各分项总分	各次分项总分	各小项总分	计分	记分栏
	面积宽敞，更衣箱数量不少于客房总数的 15%，门锁可靠					2	
	面积宽敞，更衣箱数量不少于客房总数的 10%，门锁可靠					1	
8.3.2.2	配备数量适当的座椅				1		
8.3.2.3	有淋浴设施，并有洗浴、洗发用品				2		
8.3.2.4	有化妆台，并备有吹风机和护肤、美发用品				1		
8.3.2.5	有太阳浴设备				1		
8.3.3	专用团队宾客接待台			1			
8.3.4	团队宾客专用出入口			1			
8.3.5	美容美发室			1			
8.3.6	歌舞厅或演艺厅或 KTV			2			
8.3.7	影剧场，舞台设施和舞台照明系统能满足一般演出需要			2			
8.3.8	定期歌舞表演			1			
8.3.9	专卖店或商场（对于度假型饭店，应提供当地特色产品或食品）			2			
8.3.10	旅游信息电子查询系统			1			
8.3.11	品牌化、集团化程度			2			
	委托专业饭店管理公司管理					2	
	品牌特许经营方式，国内同一品牌加盟店 20 家以上					1	
8.3.12	饭店总经理资质			2			
8.3.12.1	总经理连续 5 年以上担任同星级饭店高级管理职位				1		
8.3.12.2	总经理接受过全国或省级旅游岗位培训指导机构开展的饭店管理专业教育或培训，取得《全国旅游行业岗位职务培训证书》				1		

续表

序号	设施设备评分表	各大项总分	各分项总分	各次分项总分	各小项总分	计分	记分栏
8.3.13	员工中通过“饭店职业英语等级测试”的人数比率			2			
	通过率20%以上					2	
	通过率15%以上					1	
8.3.14	饭店在前期设计或改造工程的决策中			3			
	采纳相应星级评定机构的意见					3	
	征询相应星级评定机构的意见					1	
8.3.15	在商务会议、度假特色类别中集中选项，得分率超过70%			3			
	总分	600					

附录 C （规范性附录）

饭店运营质量评价表

表 C.1 给出了饭店运营质量评价表

表 C.1 饭店运营质量评价表

序号	标准	评价			
1 总体要求					
1.1	管理制度与规范	优	良	中	差
1.1.1	有完备的规章制度	6	4	2	1
1.1.2	有完备的操作程序	6	4	2	1
1.1.3	有完备的服务规范	6	4	2	1
1.1.4	有完备的岗位安全责任制与各类突发事件应急预案，有培训、演练计划和实施记录	6	4	2	1
1.1.5	制订饭店人力资源规划，有明确的考核、激励机制。有系统的员工培训制度和实施记录。企业文化特色鲜明	6	4	2	1

续表

序号	标准	评价			
1.1.6	建立能源管理与考核制度。有完备的设备设施运行、巡检与维护记录	6	4	2	1
1.1.7	建立宾客意见收集、反馈和持续改进机制	6	4	2	1
1.2	员工素养	优	良	中	差
1.2.1	仪容仪表得体，着装统一，体现岗位特色；工服整洁、熨烫平整，鞋袜整洁一致；佩戴名牌，着装效果好	6	4	2	1
1.2.2	训练有素、业务熟练，应变能力较强，及时满足宾客合理需求	6	4	2	1
1.2.3	各部门组织严密、沟通有效，富有团队精神	6	4	2	1
	小计	60			
	实际得分				
	得分率：（实际得分）/该项总分×100% =				
	2 前厅				
2.1	前厅服务质量				
2.1.1	总机	优	良	中	差
2.1.1.1	在正常情况下，电话铃响 10 s 内应答	3	2	1	0
2.1.1.2	接电话时正确问候宾客，同时报出饭店名称，语音清晰，态度亲切	3	2	1	0
2.1.1.3	转接电话准确、及时、无差错（无人接听时，15 s 后转回总机）	3	2	1	0
2.1.1.4	熟练掌握岗位英语或岗位专业用语	3	2	1	0
2.1.2	预订	优	良	中	差
2.1.2.1	及时接听电话，确认宾客抵离时间，语音清晰，态度亲切，	3	2	1	0
2.1.2.2	熟悉饭店各项产品，正确描述房型差异，说明房价及所含内容	3	2	1	0
2.1.2.3	提供预订号码或预订姓名，询问宾客联系方式	3	2	1	0
2.1.2.4	说明饭店入住的有关规定，通话结束前重复确认预订的所有细节，并向宾客致谢	3	2	1	0
2.1.2.5	实时网络预订，界面友好，及时确认	3	2	1	0

续表

序号	标准	评价			
2. 1. 3	入住登记	优	良	中	差
2. 1. 3. 1	主动、友好地问候宾客，热情接待	3	2	1	0
2. 1. 3. 2	与宾客确认离店日期，对话中用姓氏称呼宾客	3	2	1	0
2. 1. 3. 3	询问宾客是否需要贵重物品寄存服务，并解释相关规定	3	2	1	0
2. 1. 3. 4	登记验证、信息上传效率高、准确无差错	3	2	1	0
2. 1. 3. 5	指示客房或电梯方向，或招呼行李员为宾客服务，祝愿宾客入住愉快	3	2	1	0
2. 1. 4	*行李服务	优	良	中	差
2. 1. 4. 1	正常情况下，有行李服务人员在门口热情友好地问候宾客	3	2	1	0
2. 1. 4. 2	为宾客拉开车门或指引宾客进入饭店	3	2	1	0
2. 1. 4. 3	帮助宾客搬运行李，确认行李件数，轻拿轻放，勤快主动	3	2	1	0
2. 1. 4. 4	及时将行李送入房间，礼貌友好地问候宾客，将行李放在行李架或行李柜上，并向宾客致意	3	2	1	0
2. 1. 4. 5	离店时及时收取行李，协助宾客将行李放入车辆中，并与宾客确认行李件数	3	2	1	0
2. 1. 5	礼宾、问询服务	优	良	中	差
2. 1. 5. 1	热情友好，乐于助人，及时响应宾客合理需求	3	2	1	0
2. 1. 5. 2	熟悉饭店各项产品，包括客房、餐饮、娱乐等信息	3	2	1	0
2. 1. 5. 3	熟悉饭店周边环境，包括当地特色商品、旅游景点、购物中心、文化设施、餐饮设施等信息；协助安排出租车	3	2	1	0
2. 1. 5. 4	委托代办业务效率高，准确无差错	3	2	1	0
2. 1. 6	*叫醒服务	优	良	中	差
2. 1. 6. 1	重复宾客的要求，确保信息准确	3	2	1	0
2. 1. 6. 2	有第二遍叫醒，准确、有效地叫醒宾客，人工叫醒电话正确问候宾客	3	2	1	0
2. 1. 7	结账	优	良	中	差
2. 1. 7. 1	确认宾客的所有消费，提供总账单，条目清晰、正确完整	3	2	1	0
2. 1. 7. 2	效率高，准确无差错	3	2	1	0
2. 1. 7. 3	征求宾客意见，向宾客致谢并邀请宾客再次光临	3	2	1	0

续表

序号	标准	评价			
2.2	前厅维护保养与清洁卫生	优	良	中	差
2.2.1	地面：完整，无破损、无变色、无变形、无污渍、无异味、清洁、光亮	3	2	1	0
2.2.2	门窗：无破损、无变形、无划痕、无灰尘	3	2	1	0
2.2.3	天花（包括空调排风口）：无破损、无裂痕、无脱落，无灰尘、无水迹、无蛛网，无污渍	3	2	1	0
2.2.4	墙面（柱）：平整、无破损、无开裂、无脱落、无污渍、无蛛网	3	2	1	0
2.2.5	电梯：平稳、有效、无障碍、无划痕、无脱落、无灰尘、无污渍	3	2	1	0
2.2.6	家具：稳固、完好，与整体装饰风格相匹配。无变形、无破损、无烫痕、无脱漆、无灰尘、无污渍	3	2	1	0
2.2.7	灯具：完好、有效，与整体装饰风格相匹配。无灰尘、无污渍	3	2	1	0
2.2.8	盆景、花木、艺术品：无枯枝败叶、修剪效果好，无灰尘、无异味、无昆虫，与整体装饰风格相匹配	3	2	1	0
2.2.9	总台及各种设备（贵重物品保险箱、电话、宣传册及册架、垃圾桶、伞架、行李车、指示标志等）：有效、无破损；无污渍、无灰尘	3	2	1	0
	小计	111			
	实际得分				
	得分率：（实际得分）/该项总分×100% =				
	3 客房				
3.1	客房服务质量				
3.1.1	整理客房服务	优	良	中	差
3.1.1.1	正常情况下，每天14时前清扫客房完毕。如遇“请勿打扰”标志，按相关程序进行处理	3	2	1	0
3.1.1.2	客房与卫生间清扫整洁、无毛发、无灰尘、无污渍	3	2	1	0
3.1.1.3	所有物品已放回原处，所有客用品补充齐全	3	2	1	0
3.1.1.4	应宾客要求更换床单、被套、毛巾、浴巾等	3	2	1	0
3.1.2	*开夜床服务	优	良	中	差
3.1.2.1	正常情况下，每天17时到21时提供开夜床服务；如遇“请勿打扰”标志，按相关程序进行处理	3	2	1	0

续表

序号	标准	评价			
3. 1. 2. 2	客房与卫生间清扫整洁、无毛发、无灰尘、无污渍	3	2	1	0
3. 1. 2. 3	所有物品已整理整齐，所有客用品补充齐全	3	2	1	0
3. 1. 2. 4	床头灯处于打开状态，遮光窗帘已充分闭合	3	2	1	0
3. 1. 2. 5	床边垫巾和拖鞋放置到位，电视遥控器、洗衣袋等放置方便宾客取用	3	2	1	0
3. 1. 2. 6	床头放置晚安卡或致意品	3	2	1	0
3. 1. 3	*洗衣服务	优	良	中	差
3. 1. 3. 1	洗衣单上明确相关信息（服务时间、价格、服务电话、送回方式等），配备饭店专用环保洗衣袋	3	2	1	0
3. 1. 3. 2	应宾客要求，及时收集待洗衣物，并仔细检查	3	2	1	0
3. 1. 3. 3	在规定时间内送还衣物，包装、悬挂整齐	3	2	1	0
3. 1. 3. 4	所有的衣物已被正确洗涤、熨烫，如果污渍不能被清除，书面告知宾客	3	2	1	0
3. 1. 4	*微型酒吧	优	良	中	差
3. 1. 4. 1	小冰箱运行状态良好，无明显噪音，清洁无异味	3	2	1	0
3. 1. 4. 2	提供微型酒吧价目表，价目表上的食品、酒水与实际提供的相一致	3	2	1	0
3. 1. 4. 3	食品、酒水摆放整齐，且标签朝外，均在保质期之内	3	2	1	0
3. 1. 4. 4	及时补充微型酒吧上被耗用的物品，应要求及时供应冰块和饮用水	3	2	1	0
3. 2	客房维护保养与清洁卫生	优	良	中	差
3. 2. 1	房门：完好、有效、自动闭合，无破损、无灰尘、无污渍	3	2	1	0
3. 2. 2	地面：完整，无破损、无变色、无变形、无污渍、无异味	3	2	1	0
3. 2. 3	窗户、窗帘：玻璃明亮、无破损、无污渍、无脱落、无灰尘	3	2	1	0
3. 2. 4	墙面：无破损、无裂痕、无脱落，无灰尘、无水迹、无蛛网	3	2	1	0
3. 2. 5	天花（包括空调排风口）：无破损、无裂痕、无脱落；无灰尘、无水迹、无蛛网、无污渍	3	2	1	0
3. 2. 6	家具：稳固、完好、无变形、无破损、无烫痕、无脱漆，无灰尘、无污渍	3	2	1	0
3. 2. 7	灯具：完好、有效；无灰尘、无污渍	3	2	1	0

续表

序号	标准	评价			
3.2.8	布草（床单、枕头、被子、毛毯、浴衣等）：配置规范、清洁，无灰尘、无毛发、无污渍	3	2	1	0
3.2.9	电器及插座（电视、电话、冰箱等）：完好、有效、安全，无灰尘、无污渍	3	2	1	0
3.2.10	客房内印刷品（服务指南、电视节目单、安全出口指示图等）：规范、完好、方便取用，字迹图案清晰、无皱折、无涂抹，无灰尘、无污渍	3	2	1	0
3.2.11	绿色植物、艺术品：与整体氛围相协调、完整、无褪色、无脱落、无灰尘、无污渍	3	2	1	0
3.2.12	床头（控制）柜：完好、有效、安全、无灰尘、无污渍	3	2	1	0
3.2.13	贵重物品保险箱：方便使用，完好有效、无灰尘、无污渍	3	2	1	0
3.2.14	客房电话机：完好、有效、无灰尘、无污渍，旁边有便笺和笔	3	2	1	0
3.2.15	卫生间门、锁：安全、有效、无破损、无灰尘、无污渍	3	2	1	0
3.2.16	卫生间地面：平坦、无破损、无灰尘、无污渍、排水畅通	3	2	1	0
3.2.17	卫生间墙壁：平整、无破损、无脱落、无灰尘、无污渍	3	2	1	0
3.2.18	卫生间天花：无破损、无裂痕、无脱落、无灰尘、无水迹、无蛛网、无污渍	3	2	1	0
3.2.19	面盆、浴缸、淋浴区：洁净、无毛发、无灰尘、无污渍	3	2	1	0
3.2.20	水龙头、淋浴喷头等五金件：无污渍、无滴漏、擦拭光亮	3	2	1	0
3.2.21	恭桶：洁净、无堵塞、噪音低	3	2	1	0
3.2.22	下水：通畅、无明显噪音	3	2	1	0
3.2.23	排风系统：完好，运行时无明显噪音	3	2	1	0
3.2.24	客用品（毛巾、口杯等）：摆放规范、方便使用，完好、无灰尘、无污渍	3	2	1	0
小计		126			
实际得分					
得分率：（实际得分）/该项总分×100% =					

续表

序号	标准	评价			
4 餐饮					
4.1	餐饮服务质量				
4.1.1	自助早餐服务	优	良	中	差
4.1.1.1	在宾客抵达餐厅后，及时接待并引座。正常情况下，宾客就座的餐桌已经布置完毕	3	2	1	0
4.1.1.2	在宾客入座后及时提供咖啡或茶	3	2	1	0
4.1.1.3	所有自助餐食及时补充，适温、适量	3	2	1	0
4.1.1.4	食品和饮品均正确标记说明。标记牌洁净统一	3	2	1	0
4.1.1.5	提供加热过的盘子取用热食。厨师能够提供即时加工服务	3	2	1	0
4.1.1.6	咖啡或茶应宾客要求及时添加，适时更换烟灰缸	3	2	1	0
4.1.1.7	宾客用餐结束后，及时收拾餐具，结账效率高、准确无差错。宾客离开餐厅时，向宾客致谢	3	2	1	0
4.1.1.8	自助早餐食品质量评价	3	2	1	0
4.1.2	正餐服务	优	良	中	差
4.1.2.1	在营业时间，及时接听电话，重复并确认所有预订细节	3	2	1	0
4.1.2.2	在宾客抵达餐厅后，及时接待并引座。正常情况下，宾客就座的餐桌已经布置完毕	3	2	1	0
4.1.2.3	提供菜单和酒水单，熟悉菜品知识，主动推荐特色菜肴，点单时与宾客保持目光交流	3	2	1	0
4.1.2.4	点菜单信息完整（如烹调方法、搭配等），点单完毕后与宾客确认点单内容	3	2	1	0
4.1.2.5	点单完成后，及时上酒水及冷盘（头盘），根据需要适时上热菜（主菜），上菜时主动介绍菜名	3	2	1	0
4.1.2.6	根据不同菜式要求及时更换、调整餐具，确认宾客需要的各种调料，提醒宾客小心餐盘烫手，西餐时，主动提供面包、黄油	3	2	1	0
4.1.2.7	向宾客展示酒瓶，在宾客面前打开酒瓶，西餐时，倒少量酒让主人鉴酒	3	2	1	0
4.1.2.8	红葡萄酒应是常温，白葡萄酒应是冰镇。操作玻璃器皿时，应握杯颈或杯底	3	2	1	0
4.1.2.9	宾客用餐结束后，结账效率高、准确无差错，主动征询宾客意见并致谢	3	2	1	0
4.1.2.10	正餐食品质量评价	3	2	1	0

续表

序号	标准	评价			
4.1.3	＊酒吧服务（大堂吧，茶室）	优	良	中	差
4.1.3.1	宾客到达后，及时接待，热情友好。提供酒水单，熟悉酒水知识，主动推荐，点单时与宾客保持目光交流	3	2	1	0
4.1.3.2	点单后，使用托盘及时上齐酒水，使用杯垫，主动提供佐酒小吃	3	2	1	0
4.1.3.3	提供的酒水与点单一致，玻璃器皿与饮料合理搭配，各种酒具光亮、洁净、无裂痕、无破损，饮品温度合理	3	2	1	0
4.1.3.4	结账效率高、准确无差错；向宾客致谢	3	2	1	0
4.1.4	＊送餐服务	优	良	中	差
4.1.4.1	正常情况下，及时接听订餐电话，熟悉送餐菜单内容，重复和确认预订的所有细节，主动告知预计送餐时间	3	2	1	0
4.1.4.2	正常情况下，送餐的标准时间为：事先填写好的早餐卡：预订时间5 min内；临时订早餐：25 min内；小吃：25 min内；中餐或晚餐：40 min内	3	2	1	0
4.1.4.3	送餐时按门铃或轻轻敲门（未经宾客许可，不得进入客房）；礼貌友好地问候宾客；征询宾客托盘或手推车放于何处，为宾客摆台、倒酒水、介绍各种调料	3	2	1	0
4.1.4.4	送餐推车保持清洁，保养良好。推车上桌布清洁，熨烫平整。饮料、食品均盖有防护用具	3	2	1	0
4.1.4.5	送餐推车上摆放鲜花瓶。口布清洁、熨烫平整、无污渍。盐瓶、胡椒瓶及其他调味品盛器洁净，装满	3	2	1	0
4.1.4.6	送餐完毕，告知餐具回收程序（如果提供回收卡，视同已告知），向宾客致意，祝愿宾客用餐愉快	3	2	1	0
4.1.4.7	送餐服务食品质量评价	3	2	1	0
4.2	餐饮区域维护保养与清洁卫生	优	良	中	差
4.2.1	餐台（包括自助餐台）：稳固、美观、整洁	3	2	1	0
4.2.2	地面：完整，无破损、无变色、无变形、无污渍、无异味	3	2	1	0
4.2.3	门窗及窗帘：玻璃明亮、无破损、无变形、无划痕、无灰尘	3	2	1	0
4.2.4	墙面：平整、无破损、无裂痕、无脱落、无灰尘、无水迹、无蛛网	3	2	1	0
4.2.5	天花（包括空调排风口）：平整、无破损、无裂痕、无脱落、无灰尘、无水迹、无蛛网	3	2	1	0

续表

序号	标准	评价			
4.2.6	家具：稳固、完好、无变形、无破损、无烫痕、无脱漆、无灰尘、无污染	3	2	1	0
4.2.7	灯具：完好、有效、无灰尘、无污渍	3	2	1	0
4.2.8	盆景、花木：无枯枝败叶、修剪效果好，无灰尘、无异味、无昆虫	3	2	1	0
4.2.9	艺术品：有品位、完整、无褪色、无灰尘、无污渍	3	2	1	0
4.2.10	客用品（包括台布、餐巾、面巾、餐具、烟灰缸等）：方便使用，完好、无破损、无灰尘、无污渍	3	2	1	0
	小计	117			
	实际得分				
	得分率：（实际得分）/该项总分×100% =				
	5　其他服务项目				
5.1	＊会议、宴会	优	良	中	差
5.1.1	提供多种厅房布置方案，并有详细文字说明	3	2	1	0
5.1.2	各种厅房的名称标牌位于厅房显著位置，到厅房的方向指示标识内容清晰，易于理解	3	2	1	0
5.1.3	各厅房的灯光、空调可独立调控	3	2	1	0
5.1.4	有窗户的厅房配备窗帘，遮光效果好	3	2	1	0
5.1.5	厅房之间有良好的隔音效果，互不干扰	3	2	1	0
5.1.6	台布、台呢整洁平整，完好、无灰尘、无污渍	3	2	1	0
5.1.7	音响、照明、投影等设施提前调试好，功能正常	3	2	1	0
5.1.8	会议期间，及时续水，响应宾客需求	3	2	1	0
5.1.9	会议休息期间，摆正椅子，整理台面，清理垃圾	3	2	1	0
5.2	＊健身房	优	良	中	差
5.2.1	营业时间不少于12 h，热情问候、接待	3	2	1	0
5.2.2	提供毛巾及更衣柜钥匙。有安全提示，提醒宾客保管贵重物品	3	2	1	0
5.2.3	温度合理、清洁卫生、感觉舒适、无异味	3	2	1	0

续表

序号	标准	评价			
5.2.4	健身器械保养良好、易于操作，并配有注意事项，必要时向宾客讲解器械操作指南	3	2	1	0
5.2.5	照明、音像设施运行正常，照明充足、音质良好。备有饮水机与水杯	3	2	1	0
5.3	*游泳池	优	良	中	差
5.3.1	水深标记及安全提示清晰、醒目（在显眼处张贴当地安全法规，要在游泳池边上能清楚地看见游泳池深度标志）	3	2	1	0
5.3.2	游泳池周边保持清洁卫生、照明充足	3	2	1	0
5.3.3	水温适当，室内游泳池水温不低于25℃，水质洁净、无混浊	3	2	1	0
5.3.4	配备专职救生人员及相应救生设施	3	2	1	0
5.3.5	提供数量充足的躺椅，且位置摆放合理，保养良好。室外游泳池提供数量充足的遮阳伞，且保养良好	3	2	1	0
5.3.6	提供毛巾，并及时更换宾客用过的毛巾。应宾客要求提供饮品	3	2	1	0
5.4	*更衣室	优	良	中	差
5.4.1	天花、墙面、地面保养良好、保持清洁、无破损、无脱落、无开裂、无污渍	3	2	1	0
5.4.2	通风良好、照明合理，更衣柜保持清洁，保养良好	3	2	1	0
5.4.3	淋浴间保持洁净，布置合理，方便使用，沐浴用品保持充足	3	2	1	0
5.4.4	提供洁净的毛巾，洗涤篮保持在未满状态	3	2	1	0
5.5	*商务中心、商店、休闲娱乐项目	优	良	中	差
5.5.1	商务中心应明示各项服务收费规定，员工业务熟练、效率高、质量好	3	2	1	0
5.5.2	商品部商品陈列美观、明码标价、质量可靠，包装精美，与饭店整体氛围相协调，结账效率高，准确无差错	3	2	1	0
5.5.3	休闲娱乐设施完好、有效、安全，无灰尘、无污渍、无异味	3	2	1	0
5.5.4	休闲娱乐项目热情接待、服务周到，外包项目管理规范	3	2	1	0
	小计	84			
	实际得分	分			
	得分率：（实际得分）/该项总分×100% =	%			

续表

序号	标准	评价			
6　公共、后台区域					
6.1	周围环境	优	良	中	差
6.1.1	庭院（花园）完好，花木修剪整齐，保持清洁	3	2	1	0
6.1.2	停车场、回车线标线清晰，车道保持畅通	3	2	1	0
6.1.3	店标（旗帜）、艺术品等保养良好、无破损、无污渍	3	2	1	0
6.2	楼梯、走廊、电梯厅	优	良	中	差
6.2.1	地面：完整，无破损、无变色、无变形、无污渍、无异味	3	2	1	0
6.2.2	墙面：平整、无破损、无裂痕、无脱落，无污渍、无水迹、无蛛网	3	2	1	0
6.2.3	天花（包括空调排风口）：平整、无破损、无裂痕、无脱落；无灰尘、无水迹、无蛛网	3	2	1	0
6.2.4	灯具、装饰物：保养良好、无灰尘、无破损	3	2	1	0
6.2.5	家具：洁净、保养良好、无灰尘、无污渍	3	2	1	0
6.2.6	紧急出口与消防设施：标识清晰，安全通道保持畅通	3	2	1	0
6.2.7	公用电话机：完好、有效、清洁	3	2	1	0
6.2.8	垃圾桶：完好、清洁	3	2	1	0
6.3	公共卫生间	优	良	中	差
6.3.1	地面：完整，无破损、无变色、无变形、无污渍、无异味、光亮	3	2	1	0
6.3.2	墙面：平整、无破损、无裂痕、无脱落、无灰尘、无水迹、无蛛网	3	2	1	0
6.3.3	天花（包括空调排风口）：平整、无破损、无裂痕、无脱落、无灰尘、无水迹、无蛛网	3	2	1	0
6.3.4	照明充足、温湿度适宜、通风良好	3	2	1	0
6.3.5	洗手台、恭桶、小便池保持洁净、保养良好、无堵塞、无滴漏	3	2	1	0
6.3.6	梳妆镜完好、无磨损、玻璃明亮、无灰尘、无污渍	3	2	1	0
6.3.7	洗手液、擦手纸充足，干手器完好、有效，方便使用，厕位门锁、挂钩完好、有效	3	2	1	0
6.3.8	残疾人厕位（或专用卫生间）：位置合理，空间适宜，方便使用	3	2	1	0

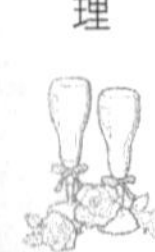

续表

序号	标准	评价			
6.4	后台区域	优	良	中	差
6.4.1	通往后台区域的标识清晰、规范，各区域有完备的门锁管理制度	3	2	1	0
6.4.2	后台区域各通道保持畅通，无杂物堆积	3	2	1	0
6.4.3	地面：无油污、无积水、无杂物、整洁	3	2	1	0
6.4.4	天花（包括空调排风口）：无破损、无裂痕、无脱落、无灰尘、无水迹、无蛛网	3	2	1	0
6.4.5	墙面：平整、无破损、无开裂、无脱落、无污渍、无蛛网	3	2	1	0
6.4.6	各项设备维护保养良好，运行正常，无“跑、冒、滴、漏”现象	3	2	1	0
6.4.7	在醒目位置张贴有关安全、卫生的须知	3	2	1	0
6.4.8	餐具的清洗、消毒、存放符合卫生标准要求，无灰尘、无水渍	3	2	1	0
6.4.9	食品的加工与贮藏严格做到生、熟分开，操作规范	3	2	1	0
6.4.10	有防鼠、蟑螂、蝇类、蚊虫的装置与措施，完好有效	3	2	1	0
6.4.11	各类库房温度、湿度适宜，照明、通风设施完备有效，整洁卫生	3	2	1	0
6.4.12	下水道无堵塞、无油污，保持畅通无阻	3	2	1	0
6.4.13	排烟与通风设备无油污、无灰尘，定期清理	3	2	1	0
6.4.14	垃圾分类收集，日产日清，垃圾房周围保持整洁，无保洁死角	3	2	1	0
6.4.15	员工设施（宿舍、食堂、浴室、更衣室、培训室等）管理规范，设施设备保养良好、整洁卫生	3	2	1	0
	小计	102			
	实际得分	分			
	得分率：（实际得分）/该项总分×100% =	%			
	总分	600			
	实际总得分	分			
	总得分率				

附录二　餐饮实训指导书

一、实训（习）名称

餐饮服务实训。

二、适用班级

酒店管理学徒班。

三、实训（习）目的

通过教学，使学生熟练地掌握餐饮服务的各项技能技巧，达到国家职业技能鉴定“餐厅服务员”中级水平，并能取得职业资格证书；具备岗位必备的组织、指挥、协调、控制、灵活处理突发事件的管理能力。

四、实训（习）内容

序号	实训内容	要求
1	员工职业素养	运用正确规范的仪态、微笑、服务用语为顾客服务
2	托盘端托服务	能正确使用托盘进行餐前准备工作
3	餐巾折花	能熟练折叠常见餐巾花
4	中餐摆台	能规范地进行中餐摆台，能进行宴会摆台设计
5	酒水服务	能规范地进行酒水服务
6	综合服务	能综合运用所学技能进行中餐厅和西餐厅服务

五、实训（习）指导

实训一　员工职业素养（2 课时）

[实训目的]

通过对餐厅服务基本素质基础知识的讲解和仪表、姿态的训练，使学生了解

餐厅服务基本素质，掌握餐厅服务仪表、姿态要求，具备餐饮服务的基本素质。

[能力训练要求]

（1）掌握餐饮服务人员的基本素质要求。

（2）运用正确规范的仪态、微笑、服务用语为顾客服务。

[实训环境]

实训室。

[实训方法和步骤]

（1）仪表、仪容、仪态。

（2）微笑服务。

（3）服务用语规范。

实训二　托盘端托服务（2 课时）

[实训目的]

使学生理解托盘端托的基本原理、基本思路和基本方法，掌握托盘端托的标准方法。

[能力训练要求]

（1）能正确使用托盘进行餐前准备工作。

（2）能运用灵活的步伐进行托盘操作。

[实训环境]

实训室。

[实训方法和步骤]

步骤一　理盘。

根据所托物品选择合适的托盘，将托盘洗净擦干，在盘内垫上洁净的餐巾或垫布，铺平。垫巾的大小、形状要与托盘相适应，外露部分一定要均匀。整理、铺垫托盘既是为了整洁美观，又可以避免托盘内的物品滑动，便于端托服务。

步骤二　装盘。

用圆形托盘时，码放的物品应呈圆形；用长方形托盘时，码放的物品应横竖成行。无论使用圆形还是长方形托盘，都应将重物、高物摆放在里侧；轻物、低矮物放在外侧；先使用的物品在上、在前，后使用的物品在下、在后，质量分布均衡，摆放整齐，装盘应安全稳妥，便于端托服务。

步骤三　起托。

轻托一般用左手托，左手掌伸平，掌心向上，五指分开，左臂弯曲成 90°，用左手五指指尖和拇指掌根托住托盘底部中间部位，掌心不得与盘底接触，使手指、手掌和手腕同时受力，将托盘平稳托起，平托于身体左前方。托盘应略高于腰部，不要将托盘靠在身上，应留有一定的间隙。托盘起托时，左脚先迈半步，上身稍微前倾，用右手慢慢地把托盘平拉出1/3或1/2，左手成端托姿势托住盘底，然后收回左脚，调整托盘重心。

步骤四　行走。

步骤五　落托。

当物品送到餐厅时，小心地放在一个选择好的位置，双手将托盘端至桌前，放稳后再取物品，从托盘两边交替拿下。落托时，一要慢，二要稳，三要平。左手转掌落托盘时，要用右手协助。待托盘盘面与台面平行时，再用左臂或左手将盘向前推进，落托动作结束后应及时将盘内物品整理好。

[注意事项]

1. 端托卫生

端托时要注意卫生。轻托时，所托物品要避开自己的鼻口部位，也不可将所托物品置于胸下；端托中需要讲话时，应将托盘托至身体的左外侧，避开自己的正前位。重托时，端托姿势要正确，托举要到位，不可将所托物品贴靠于自己的头颈部位。

2. 端托安全

（1）端托时，左手端托，右手下垂，除了起托和落托时右手扶托外，其他时间禁止右手扶托。右手扶托的缺点有三点：一是不雅观；二是重托时容易遮挡行走视线；三是容易造成端托失误。

（2）端托时，目光应平视前方，切勿只盯托盘；端托需拿托盘内所托物品时，应做到进出有序，确保所托物品的平衡。

（3）需用托盘垫布时，垫布应置于托盘正中，四角下垂应相等。

（4）端托时，即使再急，也不能抢路、不让路或跑步行进。

[实战演练]

准备若干圆托盘和酒瓶，分小组练习轻托站立、行走、平衡力。

1. 按百分制计分，理盘20分，装盘20分，起托30分，托盘站立与行走20分，落托10分。

2. 以教师规定时间为准，每超过1 s扣1分。

序号	考核项目	技能标准	评判结果		
			分值	扣分	得分
1	理盘	整理，清洁托盘	20		
2	装盘	控制重心，双手放置相关物品	20		
3	起托	起托时，用右手慢慢地把托盘平拉出1/3或1/2，左手成端托姿势托住盘底，各环节保持平衡，无翻盘现象	30		
4	托盘站立与行走	站立时头正、肩平，上身挺直，两眼目视前方；行走时平稳、轻松，身体不摇摆，动作灵活	20		
5	落托	调整动作，呈轻托状态后，再落盘	10		
合计			100		

实训三　餐巾折花（4课时）

［实训目的］

使学生理解并掌握中西餐餐巾折花的方法及技巧，能够进行日常的餐巾折花服务。

［能力训练要求］

（1）折叠手法熟练。

（2）能熟练折叠常见餐巾花。

［实训环境］

实训室。

［实训方法和步骤］

老师先讲解、示范，然后由学生实践，老师再指导。按折花的各种手法要领、植物类花形、动物类花形、实物类花形的顺序依次进行训练。同学之间分组比质量、比速度，相互点评。

1. 杯花的折叠

（1）每人取餐巾5张。

（2）折叠5种不同的杯花，并按中餐正式宴会摆放餐巾花。

（3）从主人位开始逐一报花名，并介绍每一种花的应用范围和含义。

2. 盘花的折叠

（1）每人取餐巾5张。

（2）折叠5种不同的盘花，并按宾主顺序依次摆放。

（3）餐巾花识别训练。

［**注意事项**］

餐巾花摆放的基本要求如下：

（1）主花要摆插在主位，一般的餐巾花摆在其他宾客席上，但要高低均匀、错落有致，达到一种视觉艺术效果。

（2）将餐巾花的观赏面朝向宾客。摆放餐巾花，要方便宾客从正面观赏，如孔雀开屏、和平鸽等花形，要止面朝向宾客；适合侧面观赏的，要将最佳观赏面朝向宾客。

（3）相似花形错开摆放。在一个台面上，摆放不同品种花形时，形状相似的花形要错开，对称摆放。

（4）恰当掌握杯内餐巾花的深度。餐巾折成花形后，放入杯内的深度要适中，杯内的部分要折叠整齐、规范。

（5）摆放距离均匀。各种餐巾花的间距要均匀，做到花不遮餐具，不妨碍服务操作。餐巾花既是用餐的一件卫生用品，又是台面上的一种艺术品，具有实用和观赏两种属性。餐厅服务人员要认真掌握餐巾花的折叠方法，做到技术性和艺术性相结合，使台面完整和谐。

［**实战演练**］

（1）在5 min内折叠出10种不同的花形,要求花形高低错落、美观大方(10分)。

（2）这10种花形里必须包含5种动物花形和5种植物花形（50分）。

（3）这10种花形里必须包含7种折叠方法（40分）。

序号	考核项目	技能标准	评判结果		
			分值	扣分	得分
1	叠	熟悉造型，看好角度，一次成形	5		
2	折	距离均等，高低大小一致	10		
3	卷	用力均匀，卷筒紧凑	5		
4	穿	皱褶均匀，不散架	5		
5	翻	用力均匀，自然美观	5		
6	拉	用力均匀，距离均等，造型挺括	5		
7	捏	手指用力，棱角分明	5		
合计			40		

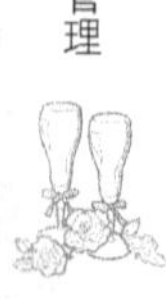

实训四 中餐摆台（8课时）

［实训目的］

使学生掌握中餐宴会摆台的基本要领及操作程序，进一步规范服务的标准，力求做到操作规范、熟练无误。

［能力训练要求］

（1）能规范地进行中餐摆台。

（2）能进行宴会摆台设计。

［实训环境］

实训室。

［实训方法和步骤］

老师先讲解、示范，然后由学生实践，老师再指导。按摆台顺序分别进行训练，然后再进行综合训练。操作后学生之间相互点评，教师指点。

中餐宴会摆台

1. 摆台前的准备

与中餐零点摆台前的准备相同。

2. 铺台布、放转盘、围桌裙、配餐椅

（1）中餐宴会一般使用直径为180 cm的10人圆桌，台布选用240 cm的方台布或圆台布。

（2）玻璃转盘摆在桌面中央的转圈上，检查转盘能否正常工作。

（3）规格较高的宴会还要在圆桌外沿围上桌裙。

（4）按宴会出席人数配齐餐椅，以10人为一桌，一般餐椅放置为三三、两两，即正、副主人侧各放三张餐椅，另两侧各放两张餐椅，椅背在一条直线上。

3. 摆餐具

一律使用托盘运送餐具，左手托盘，右手拿餐具。

（1）骨碟定位：骨碟10个一摞放在托盘上，从主人座位处开始按顺时针方向依次摆放骨碟，要求碟边距离桌边1.5 cm；骨碟与骨碟之间距离均等；若碟子印有店徽等图案，图案要正面示人。

（2）摆放小汤碗、小汤勺和味碟：在骨碟中心点与转盘中心点的连线两侧，左侧摆放小汤碗，汤勺摆放在汤碗中，勺柄朝左；连线右侧摆放味碟；汤碗与味碟之间相距2 cm，横向直径在一条直线上。

（3）摆放筷架、长柄勺、筷子：在小汤碗与调味碟横向直径右侧延长线处放筷架、长柄勺、袋装牙签和筷子；勺柄与骨碟相距3 cm，筷套离桌边1.5 cm，并与骨碟纵向直径平行，袋装牙签与长柄勺末端平齐。

（4）摆放玻璃器皿：在骨碟中心点与转盘中心点的连线上，汤碗和味碟的上方摆放葡萄酒杯；葡萄酒杯的左侧摆放饮料杯，饮料杯与汤碗之间的距离为1.5 cm；葡萄酒杯的右侧摆放白酒杯，三杯呈一条直线并左高右低地排列，三杯之间的距离相等，为1.5 cm。三杯横向直径的连线与汤碗与味碟横向直径的连线平行。

（5）摆放烟灰缸、火柴：在正、副主人杯具的右前方各摆放一只烟灰缸，其余位置可酌情摆放。烟灰缸的上端与杯具在一条直线上，烟灰缸的边缘有三个烟孔，摆放时一个朝向主人，另一个朝向主宾。也有的餐厅为每位顾客准备了烟灰缸，则依照上述方法在每个餐位摆放一只。烟灰缸的边缘摆放火柴，正面朝上。

（6）摆餐巾花：若是选用杯花，需提前折叠放置在杯具内，需从侧面观赏的餐巾花如鸟、鱼等头部朝右摆放。注意把不同样式、不同高度的餐巾花搭配摆放，主人位上摆放有高度的花式。

（7）摆公用餐具：在正、副主人杯具的前方，各摆放一个筷架或餐盘。将一副公用筷和汤勺摆放在上面，汤勺在外侧，筷子在内侧，勺柄和筷子尾端向右。

（8）摆放宴会菜单、台号、座卡：一般10人座放两份菜单，正、副主人餐具一侧各摆放一份，菜单底部距桌边1 cm。高级宴会可在每个餐位放一份菜单。

（9）摆插花：转台正中摆放插花或其他装饰品，以示摆台的结束。

4. 摆台后的检查工作

摆台后再次检查台面餐具有无遗漏、破损，餐具摆放是否符合规范，餐具是否清洁光亮，餐椅是否配齐。

［**实战演练**］

按百分制计分（中餐宴会摆台90分+仪容仪表10分），要求：

（1）按中餐正式宴会摆台。

（2）操作时间15 min（提前完成不加分，每超过30 s，扣总分2分，不足30 s按30 s计算，以此类推；超时2 min不予继续，未操作完毕，不计分）。

项目	操作程序及标准	分值	扣分	得分
台布（5分）	可采用抖铺式、推拉式或撒网式铺设，要求一次完成，两次扣0.5分，三次及以上不得分	2		
	台布定位准确，十字居中，凸缝朝向主、副主人位，下垂均等，台面平整	3		

续表

<table>
<tr><th>项目</th><th>操作程序及标准</th><th>分值</th><th>扣分</th><th>得分</th></tr>
<tr><td>餐椅定位（5 分）</td><td>从主宾位开始拉椅定位，座位中心与餐碟中心对齐，餐椅之间距离均等，餐椅座面边缘距台布下垂部分 1.5 cm</td><td>5</td><td></td><td></td></tr>
<tr><td rowspan="3">餐碟定位（10 分）</td><td>一次性定位、碟间距离均等，餐碟标志对正，相对餐碟与餐桌中心点三点一线</td><td>6</td><td></td><td></td></tr>
<tr><td>距桌沿约 1.5 cm</td><td>2</td><td></td><td></td></tr>
<tr><td>拿碟手法正确（手拿餐碟边缘部分）、卫生</td><td>2</td><td></td><td></td></tr>
<tr><td rowspan="3">葡萄酒杯、白酒杯、水杯（14 分）</td><td>葡萄酒杯在餐碟正上方 1 cm</td><td>5</td><td></td><td></td></tr>
<tr><td>白酒杯摆在葡萄酒杯的右侧，水杯位于葡萄酒杯左侧，杯肚间隔 1 cm，三杯成直线，与桌边切线平行</td><td>7</td><td></td><td></td></tr>
<tr><td>摆杯手法正确（手拿杯柄或中下部）、卫生</td><td>2</td><td></td><td></td></tr>
<tr><td>汤碗、汤勺（3 分）</td><td>汤碗摆放在骨碟左侧，与骨碟及水杯均相距 1 cm,汤勺放置于汤碗中，勺把朝左，与餐碟平行</td><td>3</td><td></td><td></td></tr>
<tr><td rowspan="3">筷架、筷子、长柄勺、牙签（6 分）</td><td>筷架摆在餐碟右边，与三杯在一条直线上</td><td>3</td><td></td><td></td></tr>
<tr><td>筷子、长柄勺搁摆在筷架上，长柄勺距餐碟 3 cm,筷尾距餐桌沿 1.5 cm</td><td>2</td><td></td><td></td></tr>
<tr><td>筷套正面朝上</td><td>1</td><td></td><td></td></tr>
<tr><td rowspan="2">餐巾折花（10 分）</td><td>花形突出主位，符合主题、整体协调</td><td>4</td><td></td><td></td></tr>
<tr><td>折叠手法正确、卫生、一次性成形、花形逼真、美观大方</td><td>6</td><td></td><td></td></tr>
<tr><td rowspan="2">公用餐具（3 分）</td><td>公用餐具摆放在正、副主人的正上方</td><td>1</td><td></td><td></td></tr>
<tr><td>将筷、勺搁在公用筷架上（设两套），公用筷架与正副主人位水杯间距 1 cm，筷子末端及勺柄向右</td><td>2</td><td></td><td></td></tr>
<tr><td rowspan="2">菜单、花瓶（花篮或其他装饰物）和桌号牌（4 分）</td><td>花瓶（花篮或其他装饰物）摆在台面正中，造型精美、符合主题要求</td><td>2</td><td></td><td></td></tr>
<tr><td>牙签桶、纸巾盒摆放在正、副主人位前的转盘上，顺序一致，与桌边切线平行</td><td>2</td><td></td><td></td></tr>
<tr><td rowspan="4">倒水及斟酒（10 分）</td><td>依次为三位顾客斟倒酒水（主宾、主人、副主人）</td><td>3</td><td></td><td></td></tr>
<tr><td>酒标朝向顾客，在顾客右侧服务</td><td>2</td><td></td><td></td></tr>
<tr><td>斟倒酒水的量：4/5 杯</td><td>2</td><td></td><td></td></tr>
<tr><td>斟倒酒水时每滴一滴扣 1 分，每溢一摊扣 3 分</td><td>3</td><td></td><td></td></tr>
</table>

续表

项目	操作程序及标准	分值	扣分	得分
托盘（4 分）	用左手胸前托法将托盘托起，托盘位置高于腰部	4		
综合印象（16 分）	台面设计主题明确，布置符合主题要求	6		
	餐具颜色、规格协调统一，便于使用	3		
	整体美观，具有强烈的艺术美感	4		
	操作过程中动作规范、娴熟、敏捷、声轻，姿态优美，能体现岗位气质	3		
仪容仪表（10 分）	工装、发型、淡妆、指甲	10		
合计		100		
操作时间：　分　秒　超时：　秒			扣分：　分	
物品落地、物品碰倒、物品遗漏　件			扣分：　分	
实际得分				

实训五　酒水服务（4 课时）

［实训目的］

通过本实训的学习和练习，使学生掌握中国白酒的服务技巧。

［能力训练要求］

能规范地为顾客进行酒水服务。

［实训环境］

实训室。

［实训方法和步骤］

1. 实训前

检查仪容仪表。

2. 准备工作

（1）当宾客点要白酒后，服务员应立即去吧台取酒。

（2）酒水取回后放在工作台上，并仔细检查酒水质量。

（3）如酒水质量没有问题，则将酒瓶擦干净。

（4）准备一条洁净的餐巾作为服务巾使用。

3. 示酒

（1）服务员要站在点酒宾客的右侧。

（2）左手托瓶底，右手扶瓶颈，酒标朝向宾客（或托在盘中），酒瓶呈 45° 倾斜，让宾客辨认商标、品种。

4. 开瓶

（1）待宾客确认酒品并同意开瓶后，在宾客面前把白酒打开。

（2）用干净的餐巾擦拭瓶口部位，做好斟酒准备。

5. 斟倒

（1）斟酒时，服务员站在宾客的右后侧，面向宾客，将右臂伸出进行斟倒；身体不要贴靠宾客，要把握好距离，以方便斟倒为宜；身微前倾，右脚伸入两椅之间，是最佳的斟酒位置；瓶口与杯沿应保持一定的距离，以 1 ～ 2 cm 为宜，千万不可将瓶口搁在杯沿上或采取高溅注酒的方法。

（2）斟酒者每斟一杯酒，都应更换一下位置，站到下一位宾客的右首。左右开弓、探身对面、手臂横越宾客的视线等，均是忌讳和不礼貌的做法。

（3）斟酒顺序：中餐斟酒通常在宴会开始前 10 min 斟好酒，先餐前酒后烈酒，先高度后低度，先主后宾，依次顺时针方向斟酒。

（4）斟酒量：中餐在斟倒各种酒水时，一律以八分满为佳，以示对宾客的尊重。

6. 续添

服务员应时时留意宾客的酒杯。当杯中酒量少于 1/3 时，服务员应征得宾客同意后，马上给宾客续酒。

［**注意事项**］

（1）斟酒时瓶口不可搭在酒杯口上，以相距 2 cm 为宜，以免将杯口碰破或将酒杯碰倒。但也不要将瓶拿得太高，否则酒水容易溅出杯外。

（2）服务员要将酒缓缓倒入杯中，当斟至酒量适度时停一下，并旋转瓶身，抬起瓶口，使最后一部分酒随着瓶身的转动均匀地分布在瓶口边沿上以防酒水滴洒在台布上或宾客身上。也可在每斟一杯酒后，即用左手所持的餐巾把残留在瓶口的酒液擦掉。

（3）斟酒时，要随时注意瓶内酒量的变化情况，用适当的倾斜度控制酒液的流出速度。瓶内酒量越少，流速越快，而酒流速过快容易冲出杯外。

（4）斟啤酒时，由于泡沫较多，极易沿杯壁溢出杯外。因此，斟啤酒速度要慢些，可分两次斟或使啤酒沿着杯的内壁流入杯内。

（5）在斟软饮料前，要按宴会所备品种放入托盘，请宾客选择，待宾客选定后再斟倒。

（6）在宴会进行中，通常宾主都要讲话（祝酒词、答谢词等），讲话结束后，双方都要举杯祝酒，所以，在讲话开始前要将其酒水斟齐，以免祝酒时杯中无酒。

（7）讲话结束后，负责主桌的服务员要将讲话者的酒水送上供祝酒之用。当讲话者要走下讲台向各桌宾客敬酒时，要有服务员托着酒瓶跟在讲话者的身后，随时准备为其及时续添酒水。

（8）宾主讲话时，服务员要停止一切操作，站在合适的位置（一般站立在边台两侧）。因此，每位服务员都应事先了解宾主讲话时间的长短，以便能在讲话开始时将服务操作暂停下来。

[实战演练]

（1）完成一桌10人台的斟酒。

序号	技能标准	评判结果		
		分值	扣分	得分
1	仪容仪表（西服或西装马甲、白衬衫、领带、黑皮鞋）	10		
2	持瓶姿势正确（右手持瓶身中下部分，酒瓶商标朝向宾客）	10		
3	站位准确（侧身站在宾客右侧，并不贴靠在宾客身上）	10		
4	瓶口与杯沿距离以1～2 cm为宜（每相碰一次扣1分）	10		
5	斟酒动作细腻、准确、自然，斟酒顺序正确，过程保持卫生	20		
6	酒满程度均匀（每杯酒斟至八分满为宜）	20		
7	不滴不洒（每洒一滴扣1分，严重者扣2分）	20		
合计		100		

（2）选择一种红葡萄酒（或白葡萄酒、香槟酒、白酒），介绍它的产地、年份、特点等基本知识。

实训六　综合服务（4课时）

[实训目的]

通过本实训的学习和训练，使学生掌握中餐厅和西餐厅的服务程序并能熟练地运用。

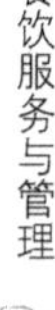

[能力训练要求]

(1) 能综合运用所学技能进行中餐厅和西餐厅服务。

(2) 掌握餐中突发情况的处理方法。

[实训环境]

实训室。

[实训方法和步骤]

(1) 餐前会。

(2) 迎宾服务。

(3) 餐前服务。

(4) 点菜服务。

(5) 斟酒服务。

(6) 上菜服务。

(7) 巡台服务。

(8) 结账服务。

(9) 送客服务。

(10) 餐后结束工作。

制定人：__________ 审核人：__________

时　间：__________ 时　间：__________

参考文献

［1］李勇平．现代饭店餐饮管理［M］．上海：上海人民出版社，1998.

［2］李勇平．餐饮服务与管理［M］．大连：东北财经大学出版社，2002.

［3］李勇平．饭店餐饮部的运行与管理［M］．北京：旅游教育出版社，2003.

［4］施涵蕴．餐饮管理［M］．天津：南开大学出版社，1995.

［5］蔡万坤．餐饮管理［M］．北京：高等教育出版社，2002.

［6］黄文波．餐饮管理［M］．天津：南开大学出版社，2000.

［7］沈建龙．餐饮经营与管理实务［M］．北京：中国人民大学出版社，2003.

［8］乐盈，姚源．餐饮服务与管理［M］．北京：旅游教育出版社，2002.

［9］傅启鹏．餐饮服务与管理［M］．北京：高等教育出版社，1999.

［10］陈玉峰．餐饮管理［M］．北京：机械工业出版社，2003.

［11］沈群．餐厅服务手册［M］．北京：旅游教育出版社，2003.

［12］杨凤珍．餐厅服务与管理［M］．大连：东北财经大学出版社，2000.

［13］郭敏文．餐饮部运行与管理［M］．北京：旅游教育出版社，2003.

［14］陈觉，何贤满．餐饮管理经典案例及点评［M］．沈阳：辽宁科学技术出版社，2003.

［15］谢彦君．饭店餐饮管理［M］．大连：辽宁师范大学出版社，2001.

［16］杜培．现代礼仪学［M］．北京：中国工人出版社，1997.

［17］刘洋．现代旅游旅店餐饮管理［M］．大连：大连出版社，2002.

［18］劳动和社会保障部，中国就业培训技术指导中心组织．中式烹调师［M］．北京：中国劳动社会保障出版社，2001.

［19］中国餐饮网：http://www.canyin.com.

［20］中国美食网：http://www.zhms.com.

［21］职业餐饮网：http://www.canyin168.com.

［22］先知网：http://www.9first.com.

［23］迈点网：http://www.meadin.com.